纪念赵沨百年诞辰

赵沨画传

《赵沨全集》编辑委员会 编

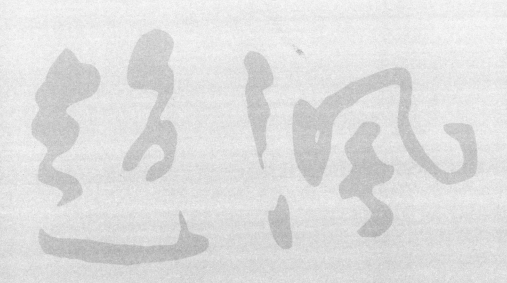

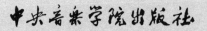
中央音乐学院出版社

图书在版编目（CIP）数据

赵沨画传／《赵沨全集》编辑委员会编. —北京：中央音乐学院出版社，2016.10
ISBN 978－7－81096－783－9

Ⅰ.①赵…　Ⅱ.①赵…　Ⅲ.①赵沨—传记—画册　Ⅳ.①K825.76－64

中国版本图书馆 CIP 数据核字（2016）第 257151 号

ZHÀOFĒNG HUÀZHUÀN
赵沨画传
　　　　　　　　　　　　　　　　　　　　　　　　《赵沨全集》编辑委员会编

出版发行：中央音乐学院出版社
经　　销：新华书店
开　　本：787×1092 毫米　横 16 开　　印张：23.25
印　　刷：北京宏伟双华印刷有限公司
版　　次：2016 年 10 月第 1 版　　2016 年 10 月第 1 次印刷
印　　数：1—1,000 册
书　　号：ISBN 978－7－81096－783－9
定　　价：98.00 元

中央音乐学院出版社　　　北京市西城区鲍家街 43 号　　　邮编：100031
发行部：(010) 66418248　　66415711（传真）

目录

中國專業音樂教育開拓者一代宗師

趙渢

啟功

为我国专业音乐教育

和学校艺术教育作出

杰出贡献的赵沨同志

永远活在我们的心中

彭珮云

二〇〇二年一月

人民的

音乐教育家

怀念

赵沨同志　何东昌

二〇〇二年元月

音容犹在
教泽长存

敬题赵讽先生画册
二〇〇二年元月 柳斌

忠诚的革命老战士

人民的音乐教育家

永远怀念

赵沨老师

胡藤

二〇〇二年九月

仿事等年才

延讀古巴信延均飛
過太西洋歸時曹
賦代對以作至事
趙原同去國有化之故
姑看之蓋以生活中同
有一互經歷也書事
以為紀念
一九六一年晋月一日
郭沫若

颯爽東風遞太陽
一宵飛渡仍平洋
換算筆墨夏批么
服過虞樂石東小
方好於古巴舍
可夕臨瑞看
康高人的期
遊倡夢日遊

知之为知之，不知为不知，是知也。

起凤

1935—1945 年

1935—1945 年

　　1916 年，赵沨出生在河南开封一个贫困律师家庭，幼年时期经历了民族危亡和贫困灾难，萌发了爱国意识，早年在开封二中和建华艺术专科学校求学时期，因参加过驱逐迫害进步师生的校长和保护进步教师的活动而失学。

　　抗日战争时期在重庆，在周恩来同志的直接关怀下，接触了延安来的徐迈进、张光年、李凌等同志，接受了马克思主义的世界观，自觉地走上了革命的道路，成为有觉悟的知识分子。

1932年，赵沨在开封（右）与张家七哥（赵家与张家是世交，赵沨与张家兄弟一起排行，被称为"老九"）合影。
那时赵沨留个长头发，一心一意想当艺术家。

1935年，赵沨考入南京电影摄影场。毕业后留摄影场工作。图为赵沨（二排左2）与中央电影摄影场同事合影于南京玄武湖公园内。

1937年随摄影场迁重庆。在重庆参加了抗日救亡歌咏活动，剪掉了长头发，以骑马代步（不愿坐人抬的"滑竿"），来往于精益中学和两江女子体专教音乐课。

郑一斋先生是云南实业家，终身热情支持文化教育事业。图为 1942 年 9 月郑先生逝世后，朋友们在墓地悼念。
后排左二起：李公朴、赵沨、楚图南、杨一波、冯素陶。二排左起：杨春洲、张国男（李公朴之女）、张曼钧（李公朴夫人）。二排右一：张光年等。其他为郑先生亲属。

1942年，赵沨在云大附中教书。

太平洋战争爆发后，仰光、曼德勒相继失守，缅甸战工队撤回到昆明，住在北仓坡郑一斋先生旧家内。图为赵沨（左）、李公朴（中）、张光年（右）在郑宅的花园内合影。

1945年赵沨（前排右一）在路南中学与初十一班的同学合影。

1945年抗日战争胜利后，西南联大师生决定复员北平和天津，中国民主同盟支部改组，楚图南任主任，闻一多任宣传部长，赵沨任组织部长兼秘书长，三人经常在民主周刊内开会。图为赵沨与闻一多在民主周刊内合影。

路南縣中八屆初中畢業同學撮影紀念 中華民國三十...年...月...日

1945年，执教于路南中学，图为赵沨与毕业班的师生合影。后排左起：杨一波、赵沨、王力、王志诚、陆公万，前排右一为林彦群。

1946—1949 年

1946—1949 年

　　海外办学——在被称为"文化沙漠"的香港和新加坡办起了当地的第一所音乐学校，为香港和新加坡播下了文艺的种子。

1946 年 10 月初到香港，住在汉华中学内中原剧社的楼顶。

1945 年抗日战争胜利后，蒋介石以接收日本投降为名，将云南省主席龙云所属部队调去东北，架空了龙云，并用飞机将龙云调往南京软禁起来，蒋介石的中央军控制了云南局势，对昆明的民主运动进行了血腥镇压，制造了 1945 年"一二·一"学生运动惨案。继此之后，于 1946 年 7 月 11 日，国民党特务杀害了李公朴先生，同月 15 日，闻一多先生在愤怒谴责国民党特务杀害李公朴先生的追悼会后，又被特务暗杀了。赵沨也被抄了家。在这白色恐怖下，赵沨、楚图南、张奚若等离开了昆明，赵沨受命去缅甸开展华侨工作，路经香港，由于缅甸当时正在内战，无法入境，在香港与李凌创办了"香港中华音乐院"。以下照片由黎章民供稿。

1947年11月16日，香港一个音乐团体举行纪念星海音乐演唱会，香港中华音乐院的师生参加了千人"黄河大合唱"。图为演唱会后，摄于香港中央大舞台上。第一排左起叶流、严良堃、陈良、许文新、赵沨、陈新生、胡均、李凌抱着女儿李妲娜、叶素、关子光、杨恭恒、□□□、吴潮、吴锡麟（二排左六）等。

赵沨与黄笃维在广东省立艺专门前合影。

香港中华音乐院的校门。

赵沨在香港中华音乐院，就用这样的
桌子备课和写作。

香港中华音乐院的几位老师。左起：叶素、李凌、严良堃、赵沨、陈良。

香港中华音乐院作曲专业的学生与老师严良堃（前排左）、陈良（前排中）、赵沨（前排右）、谢功成、熊克炎、
谭林等合影。

1947 年，在新加坡赵沨（左八）和"中华歌舞剧艺社"部分人员拜会陈嘉庚先生（左六）。

1948年2月，在新加坡，与"中华歌舞剧艺社"丁波等同志和新加坡中华"爱华音乐社"联合创办了"中华艺术专科学校"，
这是成立大会上的合影。第一排左起第四人为赵沨，第五人为程季华，第六人为吴盛育（爱华音乐社社长）。

1948 年刚到新加坡，在新加坡华侨中学和育英中学做音乐教员
并筹备创办中华艺术专科学校。

1947 年新加坡中华艺术专科学校创始人赵沨（前排中）、
丁波（二排左）、吴盛育（二排右）与教师合影。

忙了一天，回家冲个凉，休息休息。

与新加坡中华艺术专科学校师生合影。前排左三起：陈瑞亭、吴锡麟、程季华、赵汛、丁波、吴盛育等。

1947年赵沨与南洋女中、华侨中学师生合影。

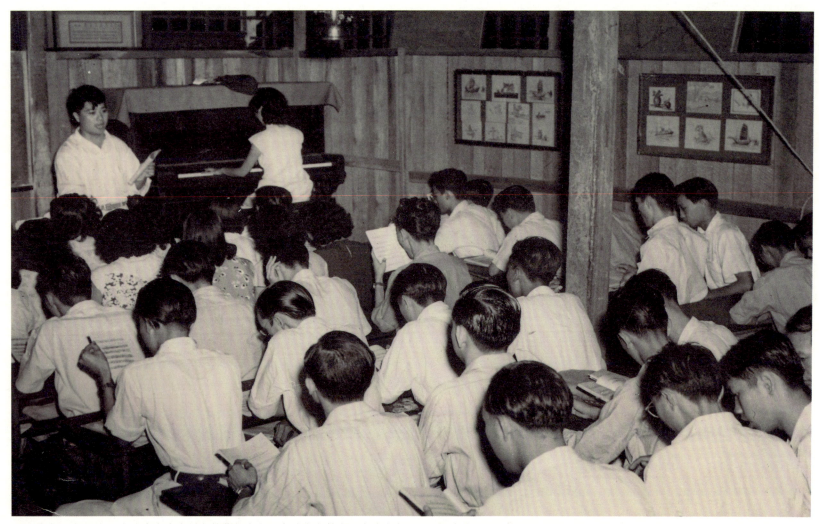

1948年初，赵沨白天在陈嘉庚先生创办的华侨中学、育英中学教书，夜晚在自己创办的中华艺术专科学校讲课。图为赵沨在上视唱课，钢琴伴奏是吴锡麟。中华艺术专科学校的学生，多时达到60人，其中大部分是马来亚共产党的文艺骨干。

1949年1月，奉召回到香港，在华南局统战部负责交通工作并组织护送马叙伦、潘朔端、郭沫若、欧阳予倩、马思聪等大批文艺界人士，及大批华侨进步青年回国参加新中国的建设。图为：与印尼诗人杜埃（中）、吴狄舟（左），1949年在香港。

1949年，与新加坡华侨中学的学生许宜扬从香港回国的途中。

1949—1956 年

1949—1956 年

满腔热情投身于新中国的建设事业。

回到北京，参加全国青年代表大会，新政协筹备工作，全国文学艺术工作者代表大会。

参加了中华人民共和国的第一个青年代表团赴匈牙利和苏联参观访问。

率领第一个"中华人民共和国官方艺术团"赴欧洲的法国、英国、意大利、荷兰、比利时、瑞士、南斯拉夫、匈牙利等八国演出。

率领第一个"中国艺术团"赴拉丁美洲的智利、巴西、阿根廷、乌拉圭四国演出。

第一次文代会会场。

1949年7月，在北京召开第一届文代会，赵沨在大会秘书处工作，图为他拍摄的毛泽东。

1949年，在北京召开第一届文代会时，与茅盾（前排中）和徐悲鸿（三排左二）、郑振铎、许广平、田汉、洪琛、马思聪（三排右三）、曹禺、戴爱莲、白杨、张瑞芳、舒绣文、赵沨（四排右二）、戈宝权、凤子等合影。

1949年7月，第二届国际民主青年联合会宣布在匈牙利首都布达佩斯举行代表大会。我国决定参加。马可作为解放区的音乐工作者代表，赵沨（三排左2）作为国统区的音乐工作者代表，还有其他各界代表，组成了一个庞大的代表团。这是中华人民共和国第一个出国的代表团。图为代表团出国前夕全体代表合影。

1949 年，赵沨作为华南青年代表团团长，从香港回国参加
中国民主青年联合会成立大会，被选为全国青联理事。

在联欢会上与学生们一起唱歌。

接受匈牙利传统的招待。

唱个中国民歌给大家听。

1949 年 8 月，参加中国青年代表团出席布达佩斯世界民主青年代表大会后，应苏联共青团的邀请，在苏联参观。
图为代表团在莫斯科红场留影（左起第十为赵沨）。

中国青年代表团在列宁格勒参观访问（第二排左二为赵沨）。

1950 年代表对外文化委员会党组，先后参加了中捷、中罗、中匈、中苏等文化协定的谈判和签订工作。

1952 年任中宣部科学卫生处处长时拍摄。

1955 年，赵沨访问莫斯科时，在莫斯科歌剧舞剧院
欢迎赵沨的会上，该院著名芭蕾舞演员利碧金斯卡娅
向赵沨献花。

1954年，苏联莫斯科歌剧舞剧院为庆祝中华人民共和国成立五周年来华演出。赵沨为接待组负责人。图为赵沨与中央乐团合唱团团员们在火车站欢迎苏联的演员们。左第六人为莫斯科歌剧舞剧院艺术指导兼乐队指挥夏维尔多夫。

1954年，莫斯科歌剧舞剧院在中国演出后，上台祝贺并与演员们合影（第二排中穿黑衣服的是赵沨，右边站立的第三人是陈锦青）。

1955年，我国接到第二届国际戏剧节在巴黎举行的邀请，中央决定接受邀请，派团前往参加。这是中华人民共和国成立后，西欧大多数国家还没有与我国建立外加关系的情况下，第一个出国的演出团，定名为"中华人民共和国官方艺术团"，由当时任文化部副部长的张致祥任团长，赵沨任艺术指导兼副团长，出访了法国、英国、意大利、比利时、瑞士、荷兰、南斯拉夫、匈牙利等国，历时一年整。周恩来总理亲自定的演出剧目以京剧为主，并有少量的歌舞节目。出国前受到毛泽东主席和在京的政治局委员的接见，周恩来总理对赵沨说："赵沨你记住，下面十二个字是总的方针——文化先行，贸易紧跟，争取建交。"代表团很好地执行了周总理的指示，不仅向被访国人民展示了精彩而丰富的中国民间戏曲、歌舞艺术，同时还向他们展示了新中国文艺工作者的精神风貌，引起了欧洲各国人民的热烈反响。以下为一组这次访问演出的照片。

1955 年 6 月，在欧洲访问演出时，赵沨与杜近芳（左四）、云燕铭（左三）及舞蹈演员合影。巴黎一家报纸登载这幅照片说："穿着平底鞋和不透亮的丝袜，中国艺术家来敲巴黎的大门了。"

巴黎人对中国京剧的欢呼，实在是我们始料所不及。演出之成功为整个戏剧节所仅有，演员谢幕十几次，长达二十分钟观众热情不减，最后，索莉亚要演员从幕侧把张致祥（右4）和赵沨（左4）拉出来谢幕，才算收场。

在巴黎首演后，赵汃查看台上堆积如山的花篮中的贺卡。

赵沨在巴黎首场演出后，举行记者招待会上。

赵沨在巴黎首场演出后，举行记者招待会，当时在巴黎的文化界名人阿拉贡、康津斯基、柯克托、菲力普、依夫·蒙唐、罗瓦、儒利安等都出席。在席间，赵沨回答了俄裔法籍巴黎歌剧院首席编导里法挑衅性的问题。

在巴黎应邀拜会法兰西学士院。

在巴黎与法兰西学士院部分院士座谈。

赵沨展示中国京剧的服装。

赵沨拜会巴黎副市长。

与演出团在巴黎歌剧院门前合影。

在巴黎和世界戏剧艺术大师布莱希特在一起讨论中国、
苏联、民主德国三大演剧体系的座谈会上。

杜克罗出席招待会上。

著名电影大师卓别林在巴黎举行酒会，庆祝中华人民共和国官方艺术团演出成功。

1955年，张致祥、赵沨向铁托赠送中国艺术品。

中华人民共和国官方艺术团赴南斯拉夫演出，受到热烈
的欢迎。左起：伍修权、赵沨、张致祥。

在瑞士伯尔尼中国公使馆，赵沨（左一）、杜近芳（左二）、
刘淑芳、李立伟秘书合影。

中华人民共和国官方艺术团在布达佩斯演出后，拉科西上台祝贺。

继 1955 年"中华人民共和国官方艺术团"访问欧洲八国后，全部人马以楚图南为团长、赵沨为艺术指导兼副团长的"中国艺术团"于 1955年 8 月，赴拉丁美洲智利、巴西、阿根廷、乌拉圭等国访问演出。这是中华人民共和国第一次访问拉丁美洲的演出团。下面为这次访问演出演出的一组照片。

艺术团到达智利首都圣地亚哥。

1955 年夏，楚图南（左）、赵沨（中）率演出团到达智利首都圣地亚哥时，受到拉丁美洲著名经纪人维加尼先
生等人的欢迎。

演出团抵达时在飞机前合影。

赵沨在巴西著名作曲家威拉·罗布斯的
欢迎酒会上。

中国艺术团在巴西演出时，楚图南（左一）、赵沨（右一）与巴西外交部长（中）合影。

人迎接代表团。

每次告别剧场，剧场的舞美人员和工人，总是列队相送。最后一次告别时，满头银发的舞台监督，流着泪致词说："我在这里工作了几十年，见过世界各国的著名演员，可我从来没见过像你们这样伟大的艺术家，这样文明、这样友好。休息时拉着我们一起吃点心，演出结束后把后台打扫得一尘不染。从前听过一些人讲你们的坏话，现在在我们心里，你们比那些撒谎的人高尚得多，是他们无法企及的伟大艺术家。"图为走台后，中国艺术团团员们与主人们在舞台上合影留念。前排左起第二人为李少春、第六人为赵泇、第十人为徐玉川。

中国艺术团团员们与智利社会党领袖阿连德（三排左二，是智利—中国文化协会主席，1970 年被选为智利总统，1973 年在军事政变中殉职）、楚图南（三排左三）、赵沨（三排左五）在群众集会上。

1956—1966 年

1956—1966 年

　　1956 年 12 月，不惑之年的赵沨受命主持中央音乐学院工作，从此与新中国的专业音乐教育事业结下了不解之缘。

　　他在前人办学的基础上，以开阔的学术视野、博大的胸怀、明确的培养目标、稳定的教学秩序，团结多方英才，大幅度地提高教学质量，使中央音乐学院于 1960 年 10 月，被列为全国艺术院校中唯一的一所全国重点高等学校。

　　1962 年，率"中国青年音乐家演出团"赴港澳演出。

　　1963 年，当选为第三届全国人大代表。

1956 年底从文化部调到中央音乐学院工作，在一次调查研究的会议上。

1963年赵沨与附中毕业班的部分同学合影。

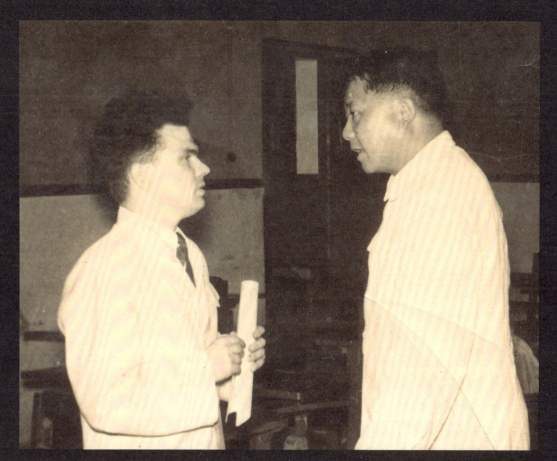

1957年、1958年在中央音乐学院教大提琴的苏联专家车尔沃夫与赵沨交谈。

1961年1月，以郭沫若为团长，夏衍为副团长，赵沨为秘书长的中国人民代表团赴哈瓦纳庆贺古巴国庆。图为与郭沫若（右三）、夏衍（右四）、申健（左三）一起拜会主人（左一为卡斯特罗）。

1961年访问古巴回国，在昆明西山脚下龙云的别墅中，与郭沫若（前左三）、夏衍（后左二）起草访问古巴的总结报告时与工作人员合影。

1961 年夏，罗马尼亚埃奈斯库钢琴、声乐比赛，邀请赵沨为评委（是中华人民共和国参加国际比赛的第一个评委）。图为赵沨与我国参赛选手在布加勒斯特（我国大使馆花园内）合影，左起为：郑石生、黄揆春、洪腾、我国驻罗马尼亚大使馆工作人员、鲍惠荞、赵沨、使馆工作同志、刘恒之（领队）、李其芳等。

1962 年 8 月，文化部在香山饭店召开音乐教材会议时合影。左 5 起：廖辅叔、王子成、林默涵、赵沨、李元庆。

（关益全供稿）

1962年，以赵沨为团长率中国青年音乐家代表团（团员有：周广仁、刘诗昆、顾圣婴、郭淑珍、施鸿鄂、张丽娟、俞丽拿、沈茜蒂、丁芷诺、林应荣），赴香港和澳门演出。

港英政府教育司署负责人、音乐督学弗立萨（左二）与演出团在欢迎宴会上。

中国青年音乐家演出团全体与观众见面。

弗立萨在欢迎酒会上致辞，正式声明，香港承认清华大学和中央音乐学院的证书。

香港总商会欢迎中国青年音乐家代表团。

中国青年音乐家演出团在告别宴会上合影。

赵沨（左二）在香港与费彝民（右一）、孟秋江（右二）、祁锋（左一）等新闻界人士在一起。

青年音乐家演出团告别会上与英国督学弗莉萨，香港新华分社社长祁峰、大公报社社长费彝民、文汇报报社社长孟秋江以及香港著名人士何贤等留影。

赵沨与大公报社长费彝民
（左二）。

大公报社长费彝民（左三）将中国青年音乐家演出团在香港活动
的照片编成册，送给中国青年音乐家演出团团长赵沨（左二）。

图为离开香港时，以何贤为首的香港
各界人士到火车站欢送演出团。

中国青年音乐家演出团在澳门南光公司的欢迎会上（左三为赵沨）。

中国青年音乐家演出团在澳门南光公司的招待会上（左一为赵沨）。

1963年除夕夜，受中央办公厅的指示，赵沨（右二）组织全院师生于除夕夜在中南海演出，图为赵沨向毛主席介绍新疆班同学。

1963 年除夕夜，赵沨向毛主席介绍黎信昌（左二）、刘德海（左一）。

1963 年，陪同周总理接待西哈努克亲王，参观中央音乐学院。

赵沨陪同周总理、西哈努克亲王走进中央音乐学院校园。

中央音乐学院师生欢迎西哈努克亲王。

中央音乐学院的师生们在校园内欢迎西哈努克亲王及夫人。前排左起周总理、喻宜萱、西哈努克夫人、徐平羽、
赵沨、江定仙。

周总理观看中央音乐学院工作图片展。

音乐会前，赵沨汇报中央音乐学院情况。

周恩来总理陪同西哈努克亲王及夫人参观中央音乐学院。图为音乐会前，
赵沨汇报中央音乐学院情况。

周总理陪同西哈努克和夫人及宾努亲王观看中央音乐学院师生音乐会。

1964 年 1 月，受命组织第二场为毛主席及在京的政治局委员的音乐会。
前排毛主席的左边为：夏衍（左 1）、赵沨、杨秉孙，毛主席右边为：
陆春龄、王玉珍、吕骥、胡松华、魏启贤等。

1964 年，当选为第三届全国人大代表。

1964年，兼任中央歌剧舞剧院院长时，林默涵、赵沨率领中央芭蕾舞剧《红色娘子军》的演员们为在京的政治局委员们演出后，受到毛主席和周总理的表扬，毛主席指出："方向是正确的，路子是对头的，艺术是成功的。"图为毛主席接见赵沨。

1973—1979 年

1973 — 1979 年

1973 年——1979 年"文革"后。

老朋友们会面了。

　　赵沨恢复了工作，从拨乱反正入手，将学院的工作逐步转移到"以教学为主"的轨道上来。赵沨与中央音乐学院同仁，历经了 30 余年沧桑，使中央音乐学院跻身于世界音乐教育先进国家的行列，为新中国培养了大批专业中坚人才。

　　率音乐家代表团赴联邦德国访问。

　　接待著名音乐家梅纽因、斯特恩、小泽征尔到中央音乐学院讲学。

与数十年患难与共、亦师亦友的李凌合影。

1973年，与萧淑芳、吴作人、陆浮在吴作人家花园新村合影。

1973年与老朋友（左起：陈云枫、李凌、赵沨、陆浮）合影。

88

1973年，在韶山毛主席故居前。前排为吴锡麟（左二）、赵沨（左三）、陈正仁夫人彭儒（左四）、杨一波（左六）、马楠（左七）、陈沂（左八）留影。

1975 年，与荣高棠在人民大会堂重逢。

1973年与相声大师侯宝林（左）、
诗人方膺老朋友相逢。

1976年，与著名画家黄胄重逢。

1975年，在人民大会堂以文化部编外人员身份参加国庆宴会后，被正式分配工作，任"中央五七艺术大学"音乐学院革委会主任。

1977 年，与上海音乐学院副院长丁善德在一起。

陪同廖承志（左二）、王炳南（左一）
会见日本客人。

1975 年，摄于中央音乐学院的教学办公楼前。

中排左起：王金贵、王质品、赵沨、
张来旺、方堃、杜利等。

1975 年，与中央音乐学院部分员工合影。图为：方堃（左二）、王金贵（左三）、王质品（左四）、赵汎（右三）、张来旺（右一）等。

1978年"四人帮"倒台后，中央领导华国锋（前排左八）、邓小平（前排左七）、叶剑英（前排左九）等同志接见北京文艺界人士。赵沨在第四排右一。

1978 年，应联邦德国邀请，赵沨率中国音乐家代表团访问联邦德国，赵沨任团长，郭淑珍、周小燕、袁雪芬、李德伦、刘诗昆与翻译在机场受到欢迎。

1978 年，应联邦德国邀请，赵沨率中国音乐家代表团访问联邦德国。图为在联邦德国音乐家协会主席雅可比（右三）陪同下与代表团成员郭淑珍（前左三）、李德伦（后左二）、袁雪芬（前左三）、赵沨（后左三）、周小燕（前左四）、刘诗昆（前右四）等参观博物馆。

率音乐家代表团访问联邦德国期间，拜访波恩市长。

汉诺威议长宴请代表团。

代表团访问汉诺威时与波恩大学绍尔斯（右一）博士在汉诺威小凯旋门前合影。

著名小提琴家梅纽因在联邦德国开音乐会时，巧遇中国音乐家代表在德访问。图为代表团与德国音乐家一同祝贺梅纽因音乐会成功。

中国音乐家代表团团长在波恩电台答记者问后，刘诗昆在波恩电台演奏。

1978年，欢迎日本画家冈本太郎（右）为首的日中文化交流协会
代表团访问中央音乐学院。

学生演奏后，向日本客人介绍我国制作的小提琴。

1978年，与日本文化交流协会代表团声乐家森敏孝（中）、
吴祖强（左）在中央音乐学院校园内。

姜建华为小泽征尔等人演奏《二泉映月》。

1978年6月，赵沨陪同著名指挥家小泽征尔听姜建华演奏《二泉映月》后，小泽征尔痛哭流涕地说："早知《二泉映月》是这样，我昨天就不敢指挥《二泉映月》了。"说着跪在地上，并且说："这样的音乐应该跪着听。"

在欢迎小泽征尔的音乐会上。

1979 年，世界著名小提琴大师斯特恩到中央音乐学院访问、讲学，斯特恩说："音乐学院的每一个窗口都站着一个音乐天才。"图为赵沨（左1）、韩里（右4）陪同大师走进校园。

与大师交谈时拍摄的合影。

大师在中央音乐学院讲学时给学生示范。

1979年，第四次文化会议期间，赵沨为黄胄画鸡图题字："雄鸡一唱天下白"，侯宝林（右一）叶飒英（右二等在场观看。）

1979年，在第四次文代会上，与夏衍（左）交谈。

1979年，钢琴家傅聪（前左二）到中央音乐学院讲学，与赵沨、易开基（右一）以及钢琴系全体教师合影。

1979 年 11 月，世界著名小提琴大师梅纽因夫妇第一次访问中央音乐学院，梅纽因在照片的题词上说，他的访问缔造了深厚的友谊。

To the Conservatory of Music in Peking, recalling our first visit and my deep impression of your very high standards, in admiration,

Yehudi Menuhin

Dec 19

1979 年，赵沨与梅纽因大师夫妇在中央音乐学院会面。

赵沨、吕骥与梅纽因大师在中央音乐学院。

与大师交谈。

梅纽因大师在中央音乐学院讲学。

赵沨代表中央音乐学院向梅纽因赠送二胡。

梅纽因试拉二胡。

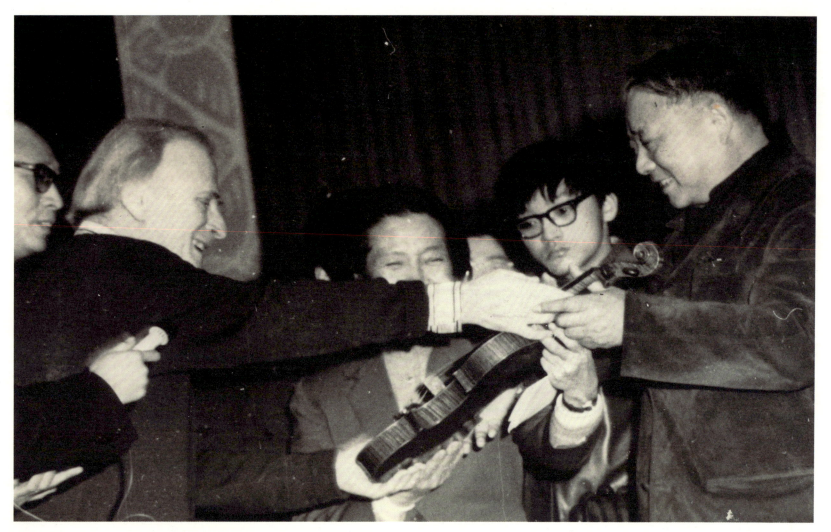

赵沨代表中央音乐学院接受梅纽因赠送的小提琴。

1979年，为纪念张曙诞辰70周年，在桂林拜谒张曙墓时合影。图为吕骥（右六）、李凌（右五）、曹兰（右三）、赵沨（左四）、陈良（左一）与张曙夫人周畸（左五）、女儿曙生（左二）、曙云（左三）等。

1979 年，吕骥（右前五）、周畸（右前四）、李凌（右前三）、陈良（右后一）、赵沨（右后二）等在桂林八路军办事处门前合影。

1979 年，赵沨和陈良在漓江重逢。

1980—1987 年

1980—1987 年

1980 年，赴美国考察艺术教育。

1980 年，为京郊南白村创办音乐班和小提琴制作班。

1981 年，被聘为国务院学位委员会学科评议员，任文学（艺术）学科召集人。

1982 年，波兰文化部授予赵沨希曼诺夫斯基纪念章。

1982 年，参与筹建厦门大学艺术教育学院和深圳艺术学校。

1983 年、1985 年赴瑞典、日本参加国际音理会有关会议。

1984 年，参加泉州第一届南音研讨会。

1980年4月，中国艺术教育考察团由林默涵（前排中）、王子成（后排右二）、赵沨（右一）、谭抒贞（后左一）组成，赴美国考察艺术教育。图为代表团在纽约与我国驻美国大使柴泽民（右二）、驻联合国大使赖亚力夫妇（前排左一、二）、小提琴大师斯特恩（右三）合影。

中国艺术教育考察团在斯特恩家拜访。左起：谭抒贞、赵沨、周英、周文中、林默涵、斯特恩、王子成。

向肯内基音乐厅乐器博物馆赠送中国乐器。

与作曲家齐尔品夫人李献敏女士交谈。

芝加哥自然历史博物馆座谈会上。

在布鲁克林科学与艺术学校的欢迎会上。

与林默涵参观布鲁克林一所艺术学校。

参观布鲁克林科学和艺术学校。

中国艺术教育代表团，向旧金山东方艺术博物馆赠画。

中国音乐家代表团，向旧金山东方艺术博物馆赠画。

在旧金山东方艺术博物馆内参观。

洛克菲勒基金会在世界贸易大厦设午宴招待代表团。

会见赵元任教授。

赵沨与赵元任教授合影。

代表团在好莱坞美国电影艺术学院招待会上。

与夏国琼（左二、原中央音乐学院钢琴系教授）、小祁（后）、夏国英（左三）在美国见面。

与中央音乐学院校友魏立（左二）、黄爱莲（左三）、王子成（左四）在旧金山的游艇上。

与林默涵在印第安纳大学。

在盐湖城大学与道尔顿夫妇合影。

1980年，中央音乐学院在京郊南白村创办音乐班和
提琴制作班，图为赵沨与师生们合影。

1980年，中央音乐学院建院30周年，与校友杨若星（左二）、
刘恩光（左五）聂士超等在校园内谈天。

1980年，赵沨接纳香港劳工子弟学校的老师余昭科到中央音乐学院进修。

1980 年，会见日本钢琴家内田美苗。

1980 年，洛阳第一届牡丹花会，赵沨应邀率中央音乐学院
演出团赴洛阳演出。

赵沨试埙。

1980 年，赵沨与时乐濛在洛阳牡丹花公园内赏花。

1980年，美籍华裔口琴专家黄青白（前排左一）访问中央音乐学院。与赵渢、黄飞立、朱同德、周广仁、韩里合影。

1980年，音乐理论研讨会后合影。前排左起：关伯基、郭乃安、章枚、何乾三，张洪岛（二排左一）等。

1980年，中国大百科全书音乐卷编委会在北戴河开会。图为郭乃安（右一）、缪天瑞（右二）、赵渢（右三）、吕骥（右四）、汪毓和（左一）、李佺民（左三）等合影。

1980 年 5 月，在全国音协召集的中国古代音乐史工作座谈会后，全体代表合影。前排左起：吉联抗、蓝玉菘、缪天瑞、赵沨、吕骥、孙慎、曹安和、郭乃安等。

1982年，被聘为国务院学位委员会学科评议员，任文学（艺术）学科召集人。经多次在会上据理力争，正式成立了艺术学学科评议组，继续担任召集人，并主持拟订国家学位目录中的音乐、美术、设计艺术、戏剧、戏曲、电影电视以及书法等专业的学科目录。为艺术学学科争取到了硕士、博士授予权。

1981年冬季运动会，赵沨（中间跑道右）、俞慧耕（中间跑道左）、方堃（右边跑道左）、陈雨生（右边跑道右）参加赛跑。

1982年，王秉锐（左三）、方堃（左四）、王祥（左五）、喻宜萱（左六）、赵沨（左七）、王金贵（左八）、韩里（右六）、吴祖强（右五）、魏启贤（右四）、刘锋（右三）、王福增（右二）、林郎西（右一）等教师与1978级部分毕业生合影。

1982 年，赵沨（前排中）、喻宜萱（前左四）等声乐系教师与 1978 级声乐系毕业生合影。

1982 年，梅纽因大师再次到中央音乐学院讲学，赵沨代表中央音乐学院授予梅纽因名誉教授称号和赠送聘书。

1982 年帕瓦罗蒂访问中央音乐学院，与赵沨、吴祖强交谈。

帕瓦罗蒂观看中央音乐学院音乐会。

黎信昌（左一）、沈湘（左二）陪同帕瓦罗蒂观看声乐系音乐会。

声乐系音乐会后，向学生提出意见，"声音是无可挑剔的，但要加强语言的学习"。

1982 年，赵汛在欢迎香港中乐团联谊会上致词。

1982 年，赵汛（右四）与新加坡育英中学的学生在香港会面。

1982年参加"云南省聂耳音乐周"时，与会者在聂耳墓前合影，一排左起：丁素秋、杨春洲、赵沨、林路、袁用之，二排左二徐守廉、吴锡麟、李仁荪等。

1982年，"云南省聂耳音乐周"时，与会者在聂耳墓前唱起了《义勇军进行曲》。

1982年，在昆明西山聂耳墓前，与李坚（左一）、赵沨（左二）、唐若玫（左四）、李同声（左五）、黄虹（右二）、王莘（右一）等合影。

1982年夏为厦门大学艺术学院选择地址，去鼓浪屿勘察。

1982年，受福建省委书记项南同志的委托，与李庚一起在厦门筹建厦门大学艺术教育学院。左起"魏传义、李庚、赵沨、石宜在厦门大学招待所门前。

在厦门大学的后山选校址，左起：方妙英、魏传义、未书记、郑校长、赵沨、刘以光、洪瑞生、马玉屏。

赵沨（右一）与厦门大学党委未书记（左二）、郑校长（左四）、
艺术教育学院院长魏传义（左一）讨论校址的选择事宜。

1983年，羊城花会期间，与云大附中校友刘美菊（中）、
陈其良（右一）等在广州聚会。

1983 年，和俞薇在广州。

赵沨（右二）在广州和周国瑾（右一）、施明新（后排）、
潘琳（左一）合影。

在广州与老朋友胡均（左）、黄锦培（右）聚会。

1983年，赵沨接待英国首相
撒切尔夫人访问中央音乐学院。

赵沨在广州庆祝香港中华音乐院成立 40 周年的纪念会上讲话。

庆祝会上，前排左起：叶素、胡均、李凌、赵沨、俞微、黄琳、谭林。后排左 2 起：严良堃、曾理中、陈良、谢功成、黄伯春、梁灵智、蔡余文、陈新生等合影。

1983 年，在云南大理喜州参观白族的民居，在白族特有的彩色雕花木门前摄。

1983 年，在爱新觉罗毓峘三弦传谱音乐会上讲话。

1983年，中央音乐学院派郑荃（左二）赴意大利学习小提琴制作，图为郑荃出国前夕与赵沨、高允星（右一）、申飞（左一）合影。

1983年9月，赵沨（左一）与瞿维（左三）、苏扬（左四）、沈湘（左二）到瑞典斯德哥尔摩参加国际音乐理事会年会，在会上作了《关于中国传统音乐和传统音乐田野工作》的报告。

出席年会期间，与瞿维、沈湘访问瑞典科学院，由该院秘书长接待。

1983 年，日本著名作曲家团伊久磨（前排中）访问中国音协时，与吕骥（右一）、赵沨（左一）合影。

1983 年，会见来中国访问的美中艺术教育交流中心秘书米基尔女士。

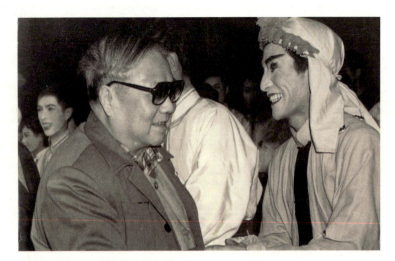

与音乐会演员交谈。

1984 年在河南省第五届民间音乐舞蹈调演大会上会见新乡地区代表团。

与唢呐演员交谈。

1984年第二次文代会上，赵沨（左二）、李凌（右一）与香港代表陈建功（左一）、陈以炳夫妇等合影。

1984年，在福州，赵沨（左一）与李凌（右一）一起拜访原福建音专校长蔡继琨（右二）。

1984 年，与《音乐研究》编委会成员合影。从 1958 年《音乐研究》创刊至 2000 年，赵沨一直担任主编。前排
左起：谌亚选、□□□、赵沨、缪天瑞、吉联抗、李业道；后排左起：祖振声、汪毓和、于润洋、吴钊、伍雍谊、
黄翔鹏、毛继增。

1985 年，在河南沁阳朱载堉纪念馆开馆仪式上讲话。

1985 年，在日本参加联合国教科文组织国际音理会《世界音乐史》的编辑会议。

1985年，赵沨夫妇会见台湾著名作家李嘉夫妇。

1985年，与李双江谈声乐。

1986 年，与中央音乐学院的校友们在成都合影。同学的照片后面题诗一首："弟子正丰华，桃李满天下，足迹遍五洲，一心思四化。"

1986 年，被南开大学聘为东方艺术系名誉教授，图为与东方艺术系
主任范曾合影。

与范曾交谈。

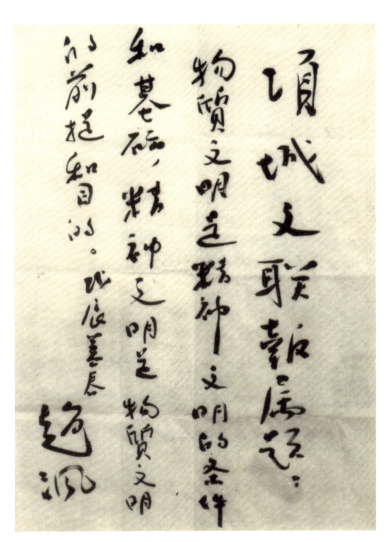

项城文联报：物质文明之路，神之明的条件知基础，精神之明是物质文明的前提和智的。此后姜长

赵沨

1986年春，为家乡项城县文联报题字。

1986年，赵沨夫妇和蔡余文夫妇在广州。

1986年，新加坡华侨中学的学生们在北京宴请他们的老师们。左起：卢新远、汪金汀、赵汎、阎老师。

1986 年，与香港海外唯一的华人刊物《地平线》的主编陈国华在北京合影。

1987—1990 年

1987—1990 年

　　1987 年，国家教委艺术教育委员会成立，赵沨被聘为国家教委艺术教育委员会委员，兼音乐组组长。

　　祝贺马头琴协会成立。

　　再度访问莫斯科。

　　1988 年，中国函授音乐学院分院工作会议在广州召开。（中国函授音乐学院创办于 1986 年，是中国音协教育委员会与山西省音协创办，院长为李凌、赵沨。目的是为广大音乐爱好者提供一个学习音乐的机会而创办的。）

国家教委艺术教育委员会成立大

1987年，赵沨（前排右六）、彭佩云（右五）在国家教委艺术教育委员会成立大会上。

在艺术教育委员会召开的会议上，为求书者题字："古人有云：为师之道，传道，授业，解惑……"

1987 年 9 月，被聘任为国家教委艺术教育委员会委员，兼音乐组组长。

左起：赵沨与张汀（左二）、常书鸿（左三）、仇春林（左四）、
于是之（左五）在艺教委成立会后合影。

左起：仇春林、张汀、常书鸿、赵沨合影。

1987 年 6 月，在福州庆祝原国立福建音专校友会成立，
赵沨在会上讲话，前排左三为蔡继琨（原福建音专校长），
右三为缪天瑞（原福建国立音专教务长）。

1987 年，在青岛参观利勃新设计的电化音乐教室，
图为：利勃新电子琴公司的李天佑经理向艺教委委
员介绍产品。

参观青岛利勃新电化教室，亲自听一听。

1987年，与丁聪（左一）、李光羲（左三）、黄苗子（左四）、黄永玉（左五）在开政协会议期间合影。

与曾任中央音乐学院附小校长的缅甸归侨王一芒合影。

1988 年，与在广州的中央音乐学院的校友们合影。

和钢琴学校的孩子、老师们一起，后排左一为熊道儿
（中央音乐学院的校友，幼儿钢琴学校的校长）。

与校友们座谈。

在广州幼儿钢琴学校和老师们座谈。

1988 年，在广州参观中央音乐学院的校友们办的幼儿钢琴学校。

1988年，左起：黄叶绿、吴锡麟、赵沨与云南边纵党委书记郑伯克、冠宏合影于昆明云南师范大学闻一多塑像前。

1988年，赵启海从美国来，过去的老朋友从远道而来看望他，自左至右：前排李凌（左二）、赵沨（左三）、赵启海（右三）、孙慎（右二）、邹狄凡（右一），后排严良堃（左一）、洪士铨（左二）、李焕之（左四）、陈宗群（左五）、董兼济（右一）。

与赵启海（左三）、李凌（左四）、陈云枫（左五）、张先华（右一）、吴锡麟（左一）合影。

1988年，赵沨作为国家教委艺术委员会委员、音乐组组长赴河南考察艺术教育，图为在开封东棚板幼儿园看孩子们的演出。

看完演出后，赵沨手舞足蹈地讲话。

在开封市副市长张里祥（右一）、武秀之（右四）陪同下
观看幼儿园小朋友的小提琴表演，演出很精彩，客人都乐了。

院长朱崇慧（左四）陪同参观了娃娃们的书法课。

1988年12月，在参与创办的深圳艺术学校成立三周年庆典上讲话。

在深圳艺术学校与原校长陈家骅（右）、全国音协书记处书记晨耕（左）合影。

1988年8月，在澳大利亚国际音乐教育学会学术年会上，与大会组委会人员商讨在大会重点发言的问题。

1988 年赵沨在澳大利亚国际音乐教育
学会学术年会上宣读论文后受到大会
主席的祝贺。

在澳大利亚国际音乐教育学会学术年会上，宣读《中国音乐教育思想和实践》的论文。

1988年，中国函授音乐学院在广州召开分院工作会议。

赵沨（左三）、黄飞立（左四）、马明（左一）等
在函授音乐学院分院工作会议上。

1988年，赵沨在上海主持文化部高等艺术院校建立博士、硕士点初评会议。前排左起：高茵、范曾、桑桐、
赵沨、张汀、古元、童忠良、张道一、陶纯孝等。

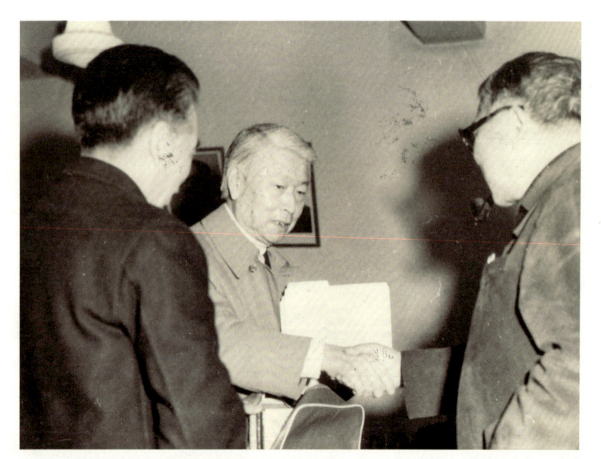

1988年，赵沨（右一）会见美籍华人歌唱家斯义桂先生（中）。

1988 年春，在赵铮（右一）创办的河南省戏曲学校所属的曲艺班上演讲。

1988 年，赵沨应邀访问菲律宾，在菲侨音乐家蔡继琨夫妇陪同，拜会菲律宾国家艺术中心主任卡西拉博士（中）。

与卡西拉试奏菲律宾的民族乐器。

与程云（右）、黄锦培在武汉琴台音乐会上相会。

1988年，赵沨（左三）、程云（左二），在武汉琴台音乐会上。

1988年赵沨（左二）、楚图南（左三）、杜近芳（左四）会见南美演出时的演出经纪人。

1989 年，在列宁格勒聂瓦河畔。

1989 年，访问莫斯科音乐学院，在柴可夫斯基塑像前与留苏学生吴玲芬（左二）等合影。

1989 年，作为音乐家代表团团长，在莫斯科拜会曾在中央音乐学院任教的音乐史教授康津斯夫妇，后排为中央音乐学院留苏进修教师吴玲芬。

1989年，在内蒙古白音哈尔举行马头琴学会成立大会。图为赵沨（二排右四）代表全国音协与内蒙古音协主席（右三）到会祝贺。以宝力高（二排右六）为首的马头琴学会成立。

1989 年，与台湾南音艺术家陈美娥（中）、黄翔鹏（右）合影。

1989 年，中国音乐史学会年会在扬州开会期间，摄于会场内。

与蓝玉崧（左三）、张弦（左一）、刘新之（左四）在扬州平山堂内。

1989 年，中国音乐史学会期间，与俞玉姿、冯文慈、赵后启合影于瘦西湖内。

1989 年，昆明第二届音乐教学年会，赵沨（左二）、吴锡麟（左三）、桂美钰等合影。

1989年，第一节民族器乐比赛会期间，与评委北美中国音乐研究会沈星扬教授（左一）、评委香港福南音乐社
负责人李光弼先生（左三）合影。

1989年，在中国音协举办的"音乐思想座谈会"上。左起：毛继增、李业道、祖振声、卢肃、孙慎、李伟、吕骥、
赵沨、黄礼仪。

1989 年，中国南音学会会长赵沨在泉州主持第二届南音学术研讨会。

1989 年，与黑龙江省委书记孙维本、省委宣传部长戚贵元合影。

1989 年，代表国家教委艺术教育委员会在河南考察九年义务教育实施情况。

1989年，左起赵沨、李凌、吕骥、孙慎在音协会上合影。

1990—1993 年

1990—1993 年

　　既关心普通中小学艺术教育，又热心支持古老民间音乐的传承。

　　1990 年，被国家教委聘为艺术教育委员会主任。曾多次同国家教委有关同志一起深入基层调查研究，积极参与学术会议。亲自到培训班为教师授课，包括频繁出席的课外、校外艺术教育活动，他认为这是应尽的义务，从不轻易谢绝。

　　从 1975 年，被推选为中国人民政治协商会议第五届全国委员。此后，连任第六、七届全国政治协商会议委员。

1990年，国家教委在南京召开学校艺术教育工作会议上，赵沨（前排左五）、武兆令（前排左四）等同志与各地的音乐教研员合影。

赵汎（左二）、杨瑞敏（左三）在南京参观儿童画展。

在南京召开的国家教委学校艺术教育工作会议上，讲话者为何东昌。

1990 年，赵沨在南京看望"小红花艺术团"的小朋友们。

摄于庆祝中央音乐学院四十周年校庆。赵沨先后担任中央音乐学院副院长、院长、名誉院长，与学院祸福与共四十年，可以说，大半生都是在中央音乐学院度过的。同年赵沨被国家教委聘为艺术教育委员会主任。

1990 年，中央音乐学院 40 周年时，在学院大礼堂前淳亲王府唯一的文物前。

1990年中央音乐学院庆祝成立40周年，四任院长在学院门前合影，左起：于润洋（第四任）、吴祖强（第三任）、
吕骥（第一任）、赵沨（第二任）。

1990 年 5 月，在北京市文化用品公司座谈学生书画用品时，与中国文教体育用品协会理事长梁贤昆（右一）、张富义合影。

1990 年，中国民族乐器展览会在深圳举办，赵沨在开幕式上讲话。

赵沨与周书绅（左一）、李子文（左三）、刘诗昆（左四）、
朱虎雄（左五）在深圳民族乐器展览会上。

赵沨在中国民族乐器展览会上讲话。

1990 年，赵沨采访河北省固安县屈家营音乐会时，在屈家营音乐会演奏前讲话。他说："屈家营音乐会的音乐是我国古老的传统音乐，对于我们研究我国古代的音乐历史、乐谱以及传承方法都有很大的作用，所以我们应大力支持，帮助屈家营音乐会保存下去。

1990 年，赵沨在河北省固安县屈家营音乐会时采访演奏员。

市级重点文物保护单位

闻一多故居

青岛市人民政府
一九八四年十二月十四日公布

1990 年，与严宝瑜在青岛大学闻一多故居前。

1990 年 10 月，与重庆教育学院教员合影。

1990 年，与前福建音专校长蔡继琨教授
去永安参观原福建音专校址途中。

1990 年，中央音乐学院学报编辑部商讨学校有关庆祝中央音乐学院成立 40 周年的工作时合影。前排：于润洋（左）、赵沨（右）。中排左起：常丽英、肖琳、黄旭东、程源敏。后排：赵世民（左）、方季年（右）。

站在长城的尽头（老龙头）上。

1991年，中宣部发起编辑中华大家唱（卡拉OK）曲库，赵沨受原中宣部常务副部长徐惟诚委托出任主编，图为与徐惟诚（右）、任裕湛（左）在编委会上。

1991年7月，赵沨受中宣部委托，担任《中华大家唱（卡拉OK）曲库》主编，图为编委会开会期间赵沨（左二）与周慧林等同志合摄于山海关。

1991 年，在辽宁朝阳为"乐器进课堂"制作的管口琴鉴定会上，试验管口琴的性能。

1991 年，全国音乐教育研讨会在辽宁朝阳举行，图为研讨会代表观摩辽宁朝阳市的管口琴音乐班上课。

1991 年，在音乐教育座谈会上讲话。

1991年为人民音乐出版社成立四十周年题字。

1991年，于缅甸华侨战工队战友
郑祥鹏在缅甸归侨联谊会上。

与曾任1941年缅甸伊罗瓦底江合唱团指挥的吴章彬在北京缅甸归侨联谊会上。

1991 年 4 月，出席全国政协会议期间，在会场留影。

与邹德华、张西洛摄于人民大会堂北门。

与于兰在政协会议休息厅。

1991年4月，在人民大会堂门外与林林合影。

与张骏祥同志合影。

1992 年，在全国国民音乐教育研讨会上。

1992 年，与日本朋友在中日音乐比较研究会上。

1992 年，赵沨（右一）在黄飞立教授（左一）家，会见美国著名指挥家齐佩尔（左二）、梁宁（左三）。

1992 年，在天津考察艺术教育时，与徐荣坤（右二）、郭瑶（右一）等在天津教育学院合影。

首批来中国任教的苏联专家、著名钢琴教育家克拉夫琴柯（刘诗昆、殷承宗、李铭强、顾圣婴的导师），1992年再次来中央音乐学院时，赵沨请她到家里做客。

1992 年，赵沨应聘在中央民族学院主持研究生论文答辨会。

评委与研究生导师毛激增（右一）研究生柯琳（右二）合影。

毛继增、赵沨、柯琳等合影。

1993 年 7 月，赵沨在李维勃教授师生音乐会后，上台祝贺。

在汾阳考察艺术教育。

在汾阳考察艺术教育。

1992 年 6 月，赵汎参加山西省汾阳县少年业余艺术学校
建校及少年艺术团建团大会。

在辽宁省兴城考察艺术教育。

在辽宁考察艺术教育。

1992年冬，与李绵璐（左三）、杨瑞敏（左二）和艺教处章瑞安在东北考察音乐、美术教育时合影。

1993 年，在厦门大学艺术教育学院建院十周年庆祝大会上。

在厦门大学艺术教育学院庆祝十周年的座谈会上。

1993年，率团赴新加坡演出，与于红梅（左一）及其父母、陈立贵等合影。

与在新加坡华侨中学共事的汪金汀合影。

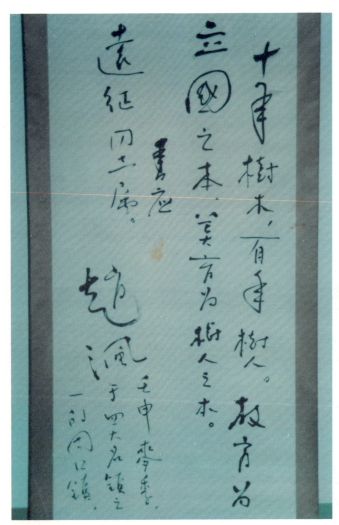

1993年赵沨为河南周口师专党委书记马远征题词。
"教育为立国之本，美育为树人之本。"

在周口师专听老师给学生讲音乐欣赏课。

与周口师专党委书记马远征同志交谈。

1993年，在河南周口师专考察艺术教育，向学生们了解情况。

在周口师专考察艺术教育期间，与音乐系副主任陈家海（左）等合影。

1992年赵沨与艺教委员杨瑞敏（前排右六）、瞿维（前排右七）、方堃（左三）等在河南郑州师范学校考察时合影。

1992 年，在开封拜访赵沨少年时代的音乐启蒙老师赵子佩先生。

1992 年，与全国高校艺术教育研究会全体成员合影。

1992年，与全国高校艺术教育研究会全体成员合影。

1992年，在扬州大学师范学院作有关音乐教育的报告，并受聘为扬州大学名誉教授，图为与艺术系教师合影。

1993 年 10 月，赵沨在杭州参加全国音乐教育学学会第三届年会，
与全体成员合影。

在音乐教育学学会第三届年会上，与徐旭标（左一）、
劳惠德（左四）、赵宋光（左五）等合影。

在音乐教育学学会第三届年会上，与学会会长曹理（右一）等合影。

1993 年 10 月在第三届音乐
教育学学会年会期间，观看
杭州小学生们演出后合影。

在音乐教育学学会上听教学经验交流。

参观杭州虎跑泉内的编钟馆。

中国艺术教育考察团在法国。李绵璐（左一）、杨瑞敏（左三）、赵沨（左四）、武兆令（左五）。

1993 年，率中国艺术教育考察团访问意大利、法国。图为在意大利与杨瑞敏（左一）、武兆令（左三）、中国驻意大利使馆窦参赞合影。

1993 年，与我国驻意大利使馆教育参赞在意大利教育部的座谈会上。

1993年，在罗马著名的"爱情喷泉"前与旅意音乐家吴道恭（论《六线谱》作者）在一起。

1993年，赵沨在南京全国民族声乐艺术研讨会开幕式上。

1993 年 9 月在南京召开全国民族声乐艺术研讨会全体成员合影。

在全国民族声乐艺术研讨会上赵沨与王秉锐（左一）、孟琳（左三）、吴锡麟（左四）合影。

在民族声乐艺术研讨会上接受记者采访。

1993 年 11 月，在无锡唐城内的展览馆内留影。

1993年，在华彦钧（阿炳）艺术成就国际研讨会开幕式上讲话。（注：华彦钧（1893年—1950年），江苏无锡人，中国民间艺术家。）

在无锡为民族音乐家阿炳纪念馆开馆剪彩。

在纪念阿炳的研讨会上，同夫人与马来西亚代表林顺发、林顺有合影。

阿炳诞辰100周年纪念会与向祖英在阿炳故居街头合影。

赵沨与孙慎（右一）、曹安和（左四）及阿炳亲属在无锡
华彦钧铜像揭幕式上。

与孙慎摄于阿炳故居前。

在阿炳故居落成典礼上。

纪念民族音乐家阿炳研讨会后，与陈威（右）合影。

率团代表国家教委赴山东考察中小学音乐教育工作，图为与国家教委
工作人员范水观看青州的石雕艺术。

与范水（左四）及山东的教师在青州的石像旁。

1993 年，在山东与孙继南（左二）、刘再生（左一）等研究响石乐器。

与山东的教师在去泰山的路上。

与山东的教师在去泰山的路上。

1993 年 8 月，中国函授音乐学院考办暑期面授班，图为与学生韩贵森合影。

1994—2001 年

1994 — 2001 年

　　1995 年 9 月，因左前壁大面积心肌梗塞，数次进出死亡线上而终无怯意，泰然处之，仍老骥伏枥，坚持为人民的音乐教育事业忘我地工作。

亚太音乐民族学研讨会留影 中国福州1994.4.19

1994年4月，在福州召开成立亚太地区音乐民族学学会，赵沨被选为会长。（一排左五为赵沨）

在广西国际民歌节上与壮族姑娘合影。

在广西国际民歌节上，赵沨（右二）与其学生、云南
著名民歌演唱家黄虹（中）、樊祖荫（左一）等合影。

在广西国际民歌节期间，与参加《中国第五届少数民族音乐学术研讨会》
的全体代表合影。

'94广西国际民歌节. 民歌理论研讨会留念

94.3.16广西南宁

1994 年，赵沨（前排左五）参加广西国际民歌节。

1994 年 11 月，在韩国首尔亚太地区音乐民族学学会第二届年会上讲话。

与台湾著名主持人赵琴女士合影。

赵沨（中）、韩国国学院院长（左）与首尔民俗公园中的百岁老人合影。

与台湾著名音乐学家许常惠先生及其
台湾高山族学生合影。

在第二届亚太地区音乐民族学会为赵沨 80 寿辰举行庆祝会。

1994年，赵沨与李春光谈话。

1994年，在全国农村音乐教育音乐师范专业建设会上发言。

1994年，赵沨在深圳庆祝建国45周年会议上。

1994年，以中国关心下一代工作委员会老艺术家委员会主任的身份率老艺术家艺术团赴深圳演出。图为：赵沨（左二）与著名表演艺术家田华（左一）、老艺术家艺术团秘书长宋清湘、宋菲在深圳合影。

老艺术家演出团在深圳大学演出时，赵沨讲话。

1998年7月13日，新加坡华侨中学校友方壮壁来访。

主持全国各音乐评论座谈会。

1994年，新加坡交响乐团著名指挥家朱晖来华演出，在首都机场与赵沨会见（注：朱晖原为新加坡华侨中学赵沨的学生）。

赵沨在中国艺术研究院音乐研究所建所四十周年大会上。

1996 年，余章平和音乐学院校友刘兰生从香港来北京开音乐会后，赵沨向他们祝贺。

1996年在艺术教育研讨会后赵沨（中）、刘帜（右）与山东音乐教师在人大会堂东门前留影。

1996年，赵沨与四川石桂师范刘玉珍（右一）、中山音乐报社池英在艺术教育研讨会后合影。

赵沨（左三）、刘帜（左四）与山东音乐教师在人大会堂东门前留影。

在家中祝贺赵沨 80 岁生日。

1996 年，在家中庆 80 岁生日时，姜永兴摄。

1999 年 10 月，赵沨（中）与《音·体·美》报总编辑骆桂明。

1999 年 10 月，赵沨（中）与《音·体·美》报总编辑郭明、骆桂明合影。

赵沨与孟琳。

赵沨与沈湘教授的学生郯允贞（左二）、孟琳（左三），郭淑珍（右一）
等在纪念沈湘教授逝世五周年的会上留影。

1996 年 1 月，在郑州召开第三届国务院学位委员会。图为艺术学学科评议委员赵沨（前左四）与于润洋（前左一）、
童忠良（前左三）、张道一（前左五）、靳尚谊（后左二）等合影（注：赵沨任评议委员组负责人）。

1998 年 10 月，李岚清同志接见中央音乐学院老院长赵沨。

1998 年 10 月，孙家正同志接见中央音乐学院老院长赵沨。

1998 年，梅纽因再次访问中央音乐学院。

梅纽因访问中央音乐学院。

2000 年参加中国音乐史学年会留影。

2000 年 5 月，中国音乐史学会年会期间，在太原晋祠内的傅山纪念馆内。

中国音乐史学会年会上，赵沨与陈聆群（左一）、宋瑞桥（左三）合影。

庆祝中央音乐学院成立 50 周年，左起：俞慧耕、吴锡麟、赵沨、黄清凉。

左起：孙虹、□□□、杨若星、邓小初、奚曙瑶、张燕丽、余慧耕等。

杨若星（左二）、邓小初（左三）、张燕丽（左六）、俞慧耕（左七），
在庆祝中央音乐学院 50 周年校庆时，与老院长赵沨（中）合影。

刘诗昆、孙红、奚曙瑶、赵沨、吴祖强、郑丽琴等。

杨若星、赵沨、奚曙瑶、张燕丽等合影。

2000 年 12 月，教育部在青岛召开艺术教育经验交流会，图为赵沨
在青岛市学校艺术教育成果展演会会场正面。

在青岛市学校艺术教育成果展演会会场侧面。

2000 年 9 月 17 日，天津音乐学院孙从音（前右一）、乔鸿第（后左）、管瑾义（后右）从天津专程来北京拜访赵沨。

赵沨在萧友梅音乐教育建设奖发奖会上讲话左起：赵沨、黄旭东、王次炤。

2001 年，中央音乐学院首届萧友梅音乐教育建设奖发奖会上，
廖辅叔先生（右一）与赵沨互相祝贺。

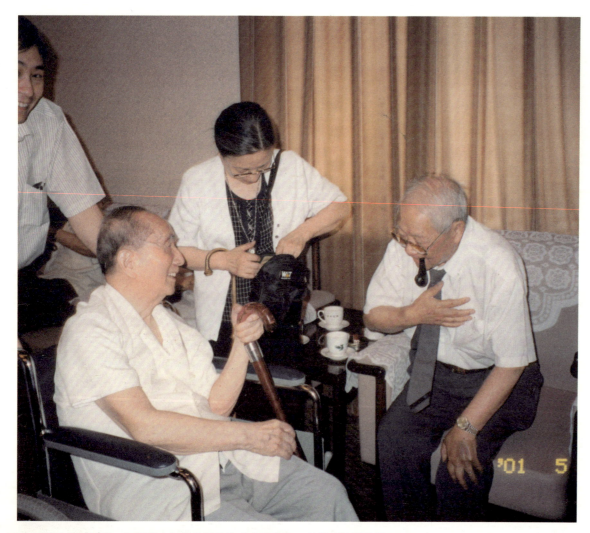

2001 年 5 月，吕骥、赵沨获中国音协颁发的"金钟奖"，赵沨向吕骥祝贺。

2001 年 5 月，赵沨获首届中国音乐
"金钟奖""终身荣誉勋章"。

《音乐研究》百期座谈会留影
2001年3月

《音乐研究》从1958年创刊至2000年，赵沨长期担任主编。图为2001年3月，在《音乐研究》百期座谈会上合影。
前排左起：王次昭、王耀华、汪毓和、李业道、孙慎、赵沨、郭乃安、敬谱、祖振声、袁静芳。

欢迎著名艺术教育家赵沨先

2001年5月，赵沨应河南师范大学邀请，赴河南师范大学讲学。图为与张副校长（左三）、音乐系主任费杰（左二）、
副系主任段续（左一）、系支部张书记（右三）等合影。

2001 年 5 月，应河南师范大学的邀请讲学后，去了一趟出生地开封，专门去看了年轻时就读的建华艺专的校址——原山、陕、甘会馆，但建华艺专早已不存在，这里变成了关公祠，赵沨坐在一进门的影壁前。

大殿后的右厢房是男生宿舍，大殿后还有一个殿，两殿的房檐紧相连。1937 年，河南警察厅要抓捕共产党员方志刚，赵沨和几个进步同学把方老师就藏在前后殿之间的凹处，藏了一天两夜，第三天清早，乘下着毛毛雨，几个同学偷着送方老师上了火车。

山、陕、甘会馆院里有一个牌楼，赵沨（右二）和妹妹赵铮（左二）、段续（左一）等在此留影，牌楼两边的厢房，过去是建华艺专的教室，房檐和屋脊上的雕刻非常精细。

赵沨（1916 年 11 月 29 日— 2001 年 9 月 1 日）

趙渢故居

啟功

赵沨故居中的庭院。

1990 年冬，赵沨在故居庭院中。

1990 年冬，赵沨在故居大厅内。

1990 年冬，赵沨在故居庭院中。

1990 年冬，赵沨、吴锡麟在故居内合影。

1999 年，赵沨与吴锡麟在故居九龙松前合影。

成立于赵沨故居的赵沨艺术教育研究中心、赵沨教授工作室。

苍劲的九龙松与赵沨故居朝夕相伴。

故居院内的一处小花园。

赵沨故居内的走廊。

赵沨故居房间内的一角。

赵沨故居的正门。

赵沨故居大厅外的走廊。

故居正门大厅。

俯看赵沨故居庭院。

故居院落中的九龙松。

坐落于故居中的赵沨艺术教育研究中心办公室。

所获荣誉

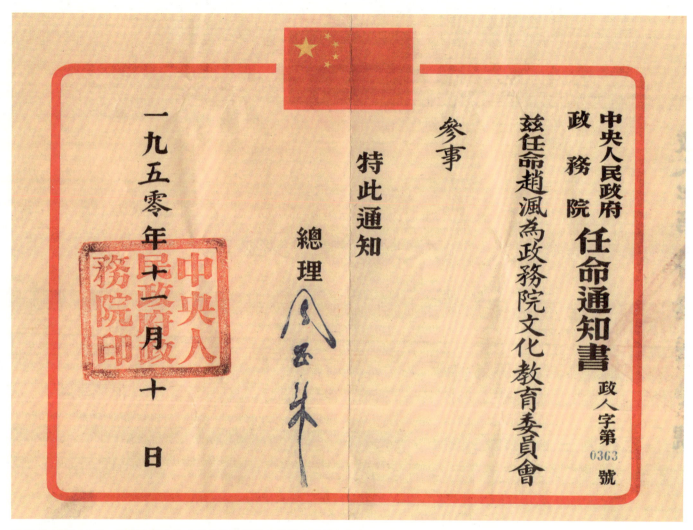

中央人民政府
政務院 任命通知書
政人字第
0363
號

茲任命趙渢為政務院文化教育委員會

參事

特此通知

總理

一九五零年十一月十日

1950 年 11 月 10 日，被任命为中央人民政府政务院文化教育委员会参事。

中央人民政府

政務院 任命通知書 政字第 6560 號

兹經政務院第一百六十八次政務會議通過任命

趙 渢爲中央人民政府文化部辦

公廳主任

特此通知

總理 周恩來

一九五三年二月二十日

中央人民政府政務院印

1953 年 2 月 20 日，被任命为文化部办公厅主任。

兹聘请

赵风同志为国务院

学位委员会（文学）

学科评议组成员

国务院学位委员会

一九八一年六月十二日

1981年6月12日，被聘请为国务院学位委员会（文学）学科评议组成员。

兹聘请 赵风 同志

为《中国大百科全书》

音乐编辑委员会副主任

一九八三年四月廿九日

1983年4月29日，被聘请为《中国大百科全书》音乐编辑委员会副主任。

1985年，参加国务院学位委员会
第一届学科评议组工作。

兹聘请

赵　风同志为国务院学位委员会

第二届学科评议组（艺术学分组）成员

学位聘字第 20901 号

国务院学位委员会

一九八五年二月十六日

1985年2月16日，被聘请为国务院学位委员会第二届学科评议组（艺术学分组）成员。

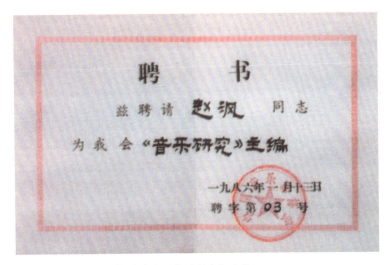

1986 年 1 月 13 日，被聘请为《音乐研究》主编。

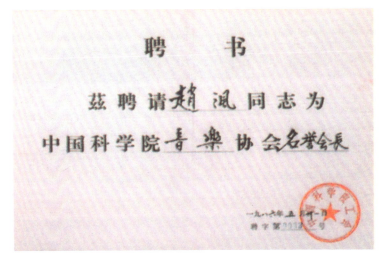

1986 年 5 月 31 日，被聘请为中国科学院音乐协会名誉会长。

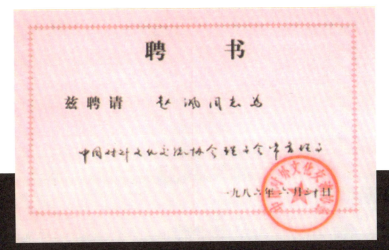

1986 年 6 月 30 日，被聘请为中国对外文化交流协会理事会常务理事。

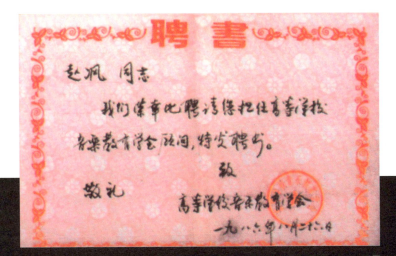

1986 年 8 月 26 日，被聘请为高等学校音乐教育学会顾问。

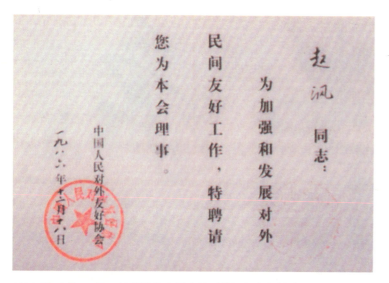

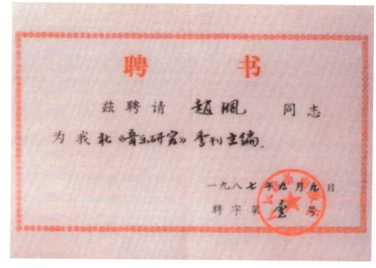

1986 年 12 月 18 日，被聘请为中国人民对外民间友好协会理事。

1987 年 9 月 9 日，被聘请为人民音乐出版社《音乐研究》季刊主编。

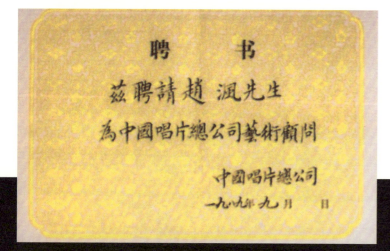

1989 年 9 月，被聘请为中国唱片总公司艺术顾问。

1989 年 11 月 10 日，被聘请为全国艺术学科第四批硕士学位授予单位评审。

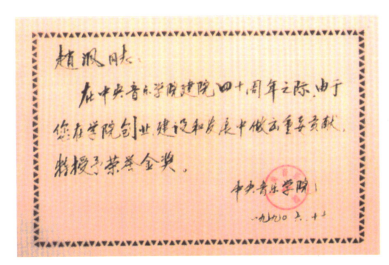

1990 年 6 月 17 日，中央音乐学院因赵沨在学院创业、建设和发展中作出重要贡献，特授予荣誉金奖。

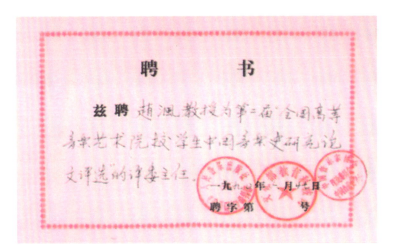

1990 年 6 月 27 日，被聘请为第二届"全国高等音乐艺术院校学生中国音乐史研究论文评选"的评委主任。

1990 年 7 月 25 日，被聘请为国家教委艺术教育委员会主任委员，聘期三年。

1985 年—1991 年，任国务院学位委员会第二届学科评议组成员。

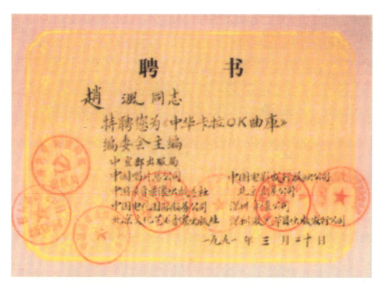

1991 年 3 月 20 日，被聘请为《中华卡拉 OK 曲库》编委会主编。

1992 年 1 月 5 日，被聘请为《中国音乐教育》杂志顾问。

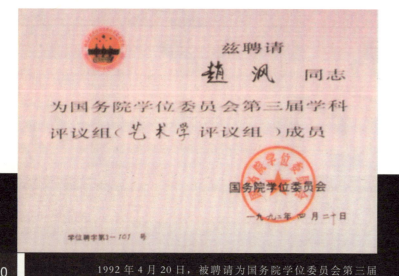

1992 年 4 月 20 日，被聘请为国务院学位委员会第三届
学科评议组（艺术学）评议组成员。

1992 年 9 月 4 日，因参加《中华大家唱（卡拉 OK）曲库》编委会工作
中贡献突出，受到表彰。

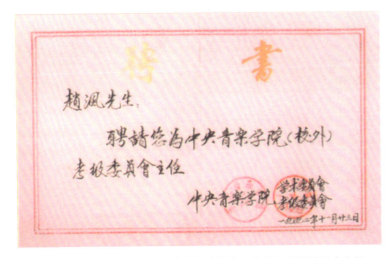

1992 年 11 月 23 日，被聘请为中央音乐学院（校外）考级委员会主任。

1992 年—1997 年，任国务院学位委员会第三届学科评议组成员。

1999 年 5 月 9 日，赵沨被聘请为河南大学名誉教授。

1999 年 12 月，担任中国音乐家协会第四届理事会主席。

2000 年 12 月，中央音乐学院、"萧友梅音乐教育促进会"
授予赵沨"萧友梅音乐教育建设奖"。

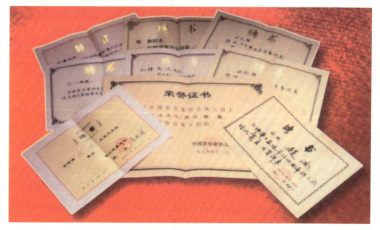

1992 年—2000 年，接受聘请的聘书。

2001 年 5 月，为表彰赵沨在中国音乐事业发展中的突出贡献，
首届中国音乐《金钟奖》组委会特颁发终身荣誉勋章。

2000 年 10 月，获中央音乐学院颁发的杰出贡献奖。

赵沨同志年谱

1916 年 11 月 29 日 生于开封，祖籍项城。

1919 年 开始接受父亲的启蒙教育，学习识字、背诵《古文观止》《诗经》《论语》等选篇。

1921 年 入河南省立第三小学。

1924 年 小学，旧制三年制毕业。参加圣公会圣咏队。

1924—1928 年 入河南省立第二中学（1927 年改名为河南省立第一中学第三部），旧制四年制毕业。因参与一次驱逐校长的学潮，未能升入该校高中部。遂投考河南大学文预科和河南建华艺术学校，被两所院校同时录取。经决定，注册后者入学，兼在河南大学文预科旁听，师从安德生学声乐。参加京剧社学唱京剧。

1930 年 因参与保护进步教师活动，被迫离开开封，经北平到哈尔滨，学习俄文和声乐，半年后回到北平，师从阿夫夏洛莫夫学习和声学。

1931 年 回到开封，在开封开诚中学代课。同年，受聘于河南鲁山县立中学，任国文、音乐教员。

1932 年 受聘于尉氏县立中学，任国文、音乐教员。

1933 年 任河南晚报社特约记者，并主编联星影报和项城旅省同学会会刊，介绍空想社会主义者欧文等人和俄罗斯革命民主主义者的思想。

1935 年 考入南京中央电影摄影场训练班。除学习电影厂训练课程外，还师从金律声学习声乐和长笛，并在中央大学学习德文。

1936 年 摄影场训练班毕业。留中央电影场工作，先后任组员、副组长、代组长。曾在金律声指挥的音乐会上，担任《前进》歌曲的独唱；在余仲英导演的电影短片《前进》中担任主演和独唱，从此走上声乐的道路。

同年，中央电影场招聘音乐组组长，冼星海来场应聘，第一次认识冼星海。

1937 年 中央电影摄影场接到撤退到重庆的命令，被指派保管押送电影器材的工作，因一时无船，电影器材滞留在安庆。利用停留时期，在安庆民众教育图书馆埋头苦读三个月，通读了馆藏内所有的图书，受益匪浅，大大增长了知识，开阔了眼界。

同年年底，抵达重庆，被任命为音乐和新闻组代组长。从事新闻的编辑、解说词的拟稿、新闻的配音等众多工作，像《淞沪大战》《台儿庄战役》《美国大使福杰斯》……等重大新闻，都是赵沨配音。至此，成为当时中央电影摄影场名副其实的骨干分子。

1938 年 受聘于内迁重庆的上海两江女子体育专科学校音乐教师，兼精益中学音乐教师，同时兼东北流亡学生总会学生课余宣传队、中央警官学校兵役协进会课余宣传队、银行公会等团体的合唱指挥工作，积极开展抗日救亡歌咏活动。

1939 年 参加郭沫若主持的文化工作委员会(简称"文工会"，即抗战初期武汉的第三厅)音乐诗歌小组。在纪念高尔基的会上，和盛家伦二重唱高尔基的《囚徒歌》。后又参加文工会星期日早场电影前的演讲会，主讲内容："国统区的群众音乐活动和解放区的音乐创作对大后方群众的歌咏运动的指导和影响"，演讲很成功。

同年 10 月 与延安鲁艺来的李凌同志第一次会面。

同年，在南方局周恩来同志亲自领导下，由李凌、林路、沙梅和赵沨发起，成立新乐社，目的是把重庆和各地方的音乐骨干组织起来，团结起来。同时，开始筹备创办《新音乐》月刊。

1940 年 1 月 《新音乐》月刊创刊号出版。《新音乐》月刊从第 4 期开始至 1950 年终刊，主编为李凌和赵沨。在《新音乐》月刊上，赵沨先后发表了翻译的苏联歌曲，如：《夜莺曲》《喀秋莎》《共青团员之歌》等四十余首；艺术歌曲，如：《菩提树》（舒伯特）、《乘着歌声的翅膀》（门德尔松）等二十余首；论文数十篇，如：《释新音乐》《音乐的民族形式》《新音乐史的考察》

等；开始翻译舒伯特歌曲全集。与李凌合编出版《新音乐教程》。

同年秋　新乐社为了把整个《黄河大合唱》介绍给广大群众，特别组织在重庆第一次公演。李凌临时组织了一个混合乐队担任伴奏，调集了重庆各个合唱团的骨干组成一个很大的合唱团，光未然朗诵自己写的朗诵词，赵沨担任合唱指挥及《黄河颂》的独唱，周恩来同志亲临会场观看。演出结束后，周恩来在后台接见了全体演职人员。这是赵沨第一次见到周恩来同志。

1941 年　皖南事变后，国民党掀起了第二次反共高潮，白色恐怖笼罩重庆，国民党特务开始对重庆文艺界人士进行有计划的迫害，在周恩来的缜密安排下，赵沨和徐迈进、张光年、李凌等一起经昆明赴缅甸仰光，先后在仰华公学、勃固华侨学校教书，同时参加徐迈进组织的读书会。

同年 12 月　加入中国共产党。

1941 年　太平洋战争爆发，日本法西斯为了迅速占领中国，切断中国通往海外的通道，加快向缅甸的进攻，缅甸侨党根据八路军重庆办事处的指示精神，举起了"中、缅、印、英人民团结起来，抵抗日军侵略，保卫缅甸"的旗帜，在仰光筹建起一个从事抗日宣传活动的团体"缅甸华侨战地工作队"，简称"战工队"。"战工队"边组建边开始进行一些防空、救护知识的宣传。

1942 年 1 月　战工队在曼德勒成立。队领导由张光年、魏磊、李凌、赵沨等六人组成。赵沨担任导演兼演员，同时还参加独唱与合唱指挥的工作。战工队在曼德勒及上缅地区的眉苗、叶脉、西保、实皆、腊戍等重要城镇巡回演出。白天在街头宣传，夜晚在舞台上公演，不仅向华侨宣传，也向缅甸人民和英殖民政府士兵做宣传。不久，仰光、曼德勒相继失守。

同年 5 月　赵沨与张光年、郑翔鹏率战工队从密支那出发，沿着马帮走的山路，经过数十日的艰苦徒步跋涉，从高黎贡山山脚下，翻过高黎贡山，跨过寥无人烟的大雪山，艰难地走到怒江边。当时，国民党将所有船只破坏了，战工队无法渡过怒江，只好求助于当地的佤族土司，依靠佤族兄弟为其扎造的两只竹筏，从清早开始直到傍晚，30 多人得以全部渡过怒江。

同年6月底 战工队在抵达瓦窑的第二天清晨，填写难民登记表格时，为防备国民党的检查，战工队员都填了假名，赵沨化名为赵天民（从此，在云南一直沿用这个化名）。通过了检查，搭上开往昆明的汽车，到达昆明。

同年9月 在李公朴的推荐下，受聘为云大附中音乐教员，兼高十一班国文教员、一班公民课教员和一个挂名的训导主任。云大附中当时在离昆明约一百多公里外的路南景城（现名石林），国民党、三青团还没有顾及到这里，加上校长杨春洲是个开明人士，于是赵沨和张光年可以放心大胆的工作。首先，在进步同学中组织读书会，阅读《中国革命和中国共产党》《论持久战》等著作，并组织讨论，张光年和赵沨亲自参加同学们的讨论会。随后，在全校开办了戏剧组、音乐组、文学诗歌组、诗歌朗诵组，利用业余时间向同学们讲授音乐、文学写作知识，还传阅《在延安文艺座谈会上的讲话》《新民主主义论》及有关的解放区书籍。此外，组织了全校的合唱团，利用音乐课的时间，给学生们排练苏联歌曲和《黄河大合唱》。张光年和赵沨还亲自参加了《黄河大合唱》的演出，收到了很好的效果。使云大附中的课外活动开展得有声有色，非常活跃。许多左派的老师和同学都团结在张光年、赵沨的周围，追求民主，追求真知真理，好学蔚然成风。

1943年 云大附中从路南迁到昆明东北郊的龙头村。赵沨为离龙头村不远处的昆明无线电厂和中央机械厂内的一些工程师，开设了每周一次的唱片音乐欣赏会，讲解音乐知识，颇受欢迎。后无线电厂厂长还请赵沨去教歌，赵沨把舒伯特的《菩提树》、门德尔松的《乘着歌声的翅膀》和一些苏联歌曲《伏尔加之歌》《斯捷潘·拉辛》等歌词译成中文教他们唱，亦很受欢迎。

1944年8月 与昆明的音乐工作者李仁苏、徐守廉和董源等在昆明小西门外的一所中学里以新音乐社的名义举办了一期西南新音乐暑期训练班。学员来自昆明各合唱团的骨干和一些少数民族的音乐爱好者。通过训练班，将昆明各个合唱团的骨干和学生中的音乐爱好者团结在新音乐社的周围，联合组成了昆明市合唱团，赵沨担任合唱团指挥。此外，还以新音乐社的名义出版了《新音乐》月刊西南版。

1944—1945年 受聘于路南中学，任高中部主任，兼国文、音乐教员。

同年　参加路南县教育局长组织的闻一多、潘光旦、费孝通和冯景兰等教授，以撰写路南县志为名赴路南圭山彝族聚居地区的考察，实际是根据中共重庆办事处代表华岗指示，考虑依靠当地进步学生力量，在必要时，建立游击根据地。

1945 年 8 月　从路南返回昆明，根据党组织的决定，作为民盟第一批个人盟员，参加民主同盟。并参加李公朴组织的北门书屋，出版了《海之歌》《五月之歌》《音乐欣赏》等书。还参加闻一多、潘光旦组织的西南联大和云南大学学生夏令读书会，在昆明西山和闻一多等共同讲学六周。

同年　云南龙云地方政权被国民党推翻前夕，参加民主同盟云南省支部工作，任秘书长兼组织部长，在青年教师和文化界发展民盟组织，组成文艺小组（音乐组、舞蹈组），开展文艺工作。

同年　赵沨被聘为中苏文化协会俄文班俄文歌咏队教师。在此期间，翻译了数十首苏联歌曲，并连同在重庆时期所翻译的苏联歌曲，由李凌、赵沨编成《苏联音乐》一册，在桂林出版。同时，在昆明合唱团、西南联大学生歌咏队教唱苏联歌曲和抗日救亡歌曲，将《斯大林颂歌》改名为《伏尔加之歌》，将吕骥的《向着列宁斯大林的道路前进》改名为《向着抗日救国的道路前进》，并公开演出。

同年 8 月　与马思聪等组办"援助贫病作家音乐会"，以马思聪小提琴独奏为主，赵沨担任合唱指挥和独唱，受到了青年学生的热情欢迎，募捐工作也取得一定成绩。

1946 年 6 月　在路南圭山考察的基础上，民盟文艺小组牵头再次组织文化界和西南联大、云南大学青年学生赴圭山地区考察采风，并组成以路南圭山彝族的两个支系撒尼族和阿细族男女青年三十余人的演出队赴昆明演出。赵沨任音乐指导，通过歌舞表演，介绍彝族人民的历史、生活，发出了争取改善少数民族政治地位的呼声。这是云南少数民族第一次登上歌舞晚会的舞台，晚会连演十场，场场爆满，引起各界强烈反响。

闻一多看完彝族歌舞演出后，激动万分，连夜把屈原的《九歌》赶写成舞台剧本，要求赵沨组织民盟的音乐组和舞蹈组编写音乐和舞蹈，组织民盟文艺小组公开演出。为此，赵沨与梁伦（舞蹈家）专门拜访闻一多先生，请他谈《九歌》创作的意图，准备为《九歌》的音乐、舞蹈进行创作。但不到一个月的时间，闻先生就遭暗杀，赵沨也处于危难之中，《九歌》的创作也因此搁置。

同月　国民党政府已经完全背弃政协决议、撕毁停战协定、挑起内战。对国统区人民和反对内战、争取民主的李公朴、闻一多等民主人士使出了各种卑鄙手段，在大街上张贴告示说"李公朴从重庆带着资金回昆明搞颠覆活动，闻一多是暗杀集团的总头目"……等等，进行造谣诬蔑。面对严峻的形势，民盟云南支部由李公朴、闻一多、楚图南等七人出面于 6 月 26、27、28 日三次举行记者招待会，向社会各界公开说明民盟的政治主张和对时局的态度，说明民盟是一个非暴力团体，以和平方式争取民主、评论国事，绝不会搞暗杀暴动。会议进行得很顺利，得到了各界的理解。但在第一天记者招待会（招待云南的各方官员）结束时，一个特务抢夺了会议签名簿就向门外跑，企图以此吓唬与会者，赵沨和王健急忙追了出去，特务一看有人追赶，丢下签名簿，跳下了会场门前的盘龙江逃跑了。

同年 7 月 11 日　国民党特务借查电表之名，将赵沨诓回其住所——中苏文化协会云南分会，赵沨一进院门就被两个人架到房间，搜查其房间，同时查抄中苏文协，整个过程历时四个小时。赵沨借大家忙着将查抄的物资搬上车无人留意时，逃出了中苏文协，就此逃过一劫。就在当天晚上，李公朴先生在回家途中被特务暗杀。

同年 7 月 15 日　楚图南、闻一多和赵沨在主持和参加李公朴追悼会后，在民主周刊社举行记者招待会，闻一多先生在散会返家途中遇害。

同年 7 月 17 日　在李公朴、闻一多相继遇害后，受美国驻昆明总领事罗塞尔先生个人之邀，楚图南、张奚若、费孝通、尚钺和赵沨等九人应邀进入领事馆。第二天云南各大报刊发表了"九教授避难美国领事馆"的新闻，掀起了向国民党抗议的大波。重庆中共代表团和民盟中央都为李公朴、闻一多被害事件和"九教授避难美国领事馆"，向国民党提出严正抗议。数日后，新上任的云南省主席卢汉做出"九教授"出领事馆可获安全保护，但必须离开昆明的承诺，数日后在卢汉的护送下，九教授离开昆明赴上海。

同年 11 月 赵沨抵达香港，与胡均、郭杰等合作出版《新音乐》月刊华南版。

1947 年 6 月 为培养音乐人才，与李凌等人筹建香港中华音乐院，由马思聪出任中华音乐院院长，李凌与赵沨任副院长。由于马思聪时任广东省立艺专音乐系主任，受马思聪之邀，赵沨兼任该校音乐系教授，教授声乐和音乐欣赏。在此期间，香港前进书局先后出版了赵沨编译的《和声学初步》《对位法初步》《赋格初步》和《简易转调法》等书。

1947 年 9 月 马思聪任广东省立艺专音乐系主任，赵沨被聘任为广东省立艺专音乐系声乐教授，讲授音乐欣赏和合唱课。为避免国民党找麻烦，赵沨改名为"吴福田"往返于港、穗两地教学。

1947 年 香港前进书局先后出版了赵沨编译的《和声学初步》《对位法初步》《赋格初步》和《简易转调法》等书。

同年冬 赵沨去新加坡准备赴仰光。到新加坡后，因缅甸无外交办事处，无法办理前往仰光的手续，遂应陈嘉庚创办的华侨中学之聘请，任国文、音乐教师，并在育英中学兼课。新华社在新加坡成立分社后，赵沨公开任民盟支部文化委员会负责人，党内任侨支文委负责人。

为培养当地艺术人才，经陈嘉庚先生介绍，赵沨与当地华侨社团中华爱华音乐社，会同正在新加坡演出的中华歌舞剧艺术社（该社由抗战时期郭沫若领导的演剧四队、五队部分队员组成）社长丁波一起创办中华艺术专科学校，设音乐系和戏剧系，赵沨任校长。为教学需要，编写了《视唱》《贝多芬的九个交响乐》和《诗经的音乐及其他》等教材，并开始编译《曲调与和声》《和声的进行》等著作，后由上海万叶书店出版。

1948 年底 由新加坡返回香港，经组织决定担任统战部交通工作，组织、运送民主人士马叙伦、文艺界人士郭沫若、欧阳予倩、马思聪等人及其家属和大批华侨进步青年赴解放区参加即将成立的新中国建设。

1948 年 5 月　中华全国青年代表大会在北京召开，赵沨被任命为华南青年代表团团长。返回北京，被选为中华全国民主青年联合总会全国委员。

同年夏　先后参加新政协筹备会议和正式会议工作，任无党派民主人士小组秘书。

同年 7 月　中华全国文学艺术工作者代表大会在京召开，赵沨在秘书处工作，被选为中国文联全国委员会委员、中国音协秘书长。

同年 8 月　参加中国青年代表团出席布达佩斯世界民主青年代表大会。会后，应苏联共青团邀请，在苏联参观访问一个月。

同年 11 月　由苏联返回北京，被任命为政务院文化教育委员会计划委员。会同总工会、教育部组织全国职工扫盲委员会，任副主任。赴唐山、大连、抚顺、鞍山、沈阳、上海等地指导扫盲工作。

1950 年　原属文化部的对外文化联络局改属政务院文委直接领导，赵沨兼任文联局党组负责人。作为中国代表团成员，参与谈判、起草、签署中捷、中罗、中匈、中保、中苏文化合作协议和合作计划议定书。

1951 年　政务院文委有关处室调归中央宣传部双重管理，赵沨在文委兼任调查研究室主任。

同年 8 月　调中央宣传部科学卫生处任处长。曾参与科学院所属各所科学家们的思想改造运动，生物学界批判教条主义倾向，在生物学界座谈会后，赵沨与何祚麻合作写了《坚持科学研究的马克思主义指导原则，批判生物科学的庸俗社会学倾向》在《人民日报》发表。

同年　科学院组织科学名词统一委员会，赵沨任音乐名词统一委员会主任，公布了第一批音乐名词全表。

1952 年　调任文化部党组秘书、办公厅主任兼计划财务司司长并主管艺术教育处工作。制订派遣留学生计划。在赵沨的倡议下，组建起文化部编译室，负责编译并出版文化资料丛刊数十集。

1954 年　作为国宾接待委员会负责人之一，接待莫斯科国立音乐剧院和莫伊赛耶夫国家舞蹈团，组织全国各地声乐家等来京学习。

1955 年 6 月 组建"中华人民共和国官方艺术团"任艺术指导兼副团长，代表中华人民共和国，参加巴黎第二届国际戏剧节（这是中华人民共和国第一个出国的演出团），演出京剧和歌舞，受到欧洲文学艺术界著名人士阿拉贡、康津斯基、菲立浦、科克托、马赛尔、卓别林、布莱希特等人和各国广大观众及各报刊的热烈称赞，演出轰动了欧洲。戏剧节之后，被邀请赴英国、比利时、荷兰、意大利、瑞士、南斯拉夫、匈牙利等十国演出。出访期间，撰写《欧游散记》数十篇，在《人民日报》连续刊载。回国后，参加干部轮流脱产学习哲学半年。文化部同期学习的有王子野、陈荒煤等人。

1956 年 8 月 作为中国艺术团艺术指导兼副团长（楚图南任团长）赴拉丁美洲访问演出。先后在智利、巴西、阿根廷、乌拉圭演出京剧和歌舞，受到拉美文学艺术界著名人士聂鲁达、万徒勒里、阿连德、亚马多、维拉罗勃斯等人和智利、巴西、阿根廷、乌拉圭各国人民的热烈赞赏。出访期间撰写《南美见闻》，在《人民日报》连载。

同年 10 月 在文化部先后任艺术局局长、对外文化联络司司长等职。

同年 12 月 调任中央音乐学院党委第二书记。以后历任书记（1957—1966、1975—1983）、副院长（1957—1966）、中央五七艺术大学音乐学院革委会主任（1975—1977）、院临时领导小组组长、院长（1980—1982）、名誉院长（1982—1996）等职。1960 年 10 月，中央音乐学院被列为国家重点高等学校（全国艺术院校中唯一的一所重点高等学校）。

1957 年 5 月 赵沨被国务院任命为中央音乐学院副院长。

音乐学院民族音乐研究所划归文化部艺术局领导，文化部指定赵沨负责该所的业务联系和指导工作。

同年 9 月 主持贯彻中央精简机构、压缩编制的规定。将学校教员、总务机构由三级设制改为二级设制，院直接领导有关科、组，精简下来的员工支持兄弟院校和转业农村。

同年 10 月 决定试行学生加修和选修课程的规定。

同月　决定民族乐器系更名为民族音乐系（1958 年增设民族乐队指导专业、1961 年增设民族乐器和戏曲作曲专业，后简称民族作曲专业）。

同月　成立第一届学术委员会，任副主任。

12 月　为加强学生艺术实践能力，主持制定学生对外辅导工作的规定。

1957 年　在赵沨“先上马，后加鞭”的思想指导和提议下，音乐学系开设“中国音乐史”“外国音乐史”“民族音乐理论”三个专业。

1958 年 1 月　主持院务会议，决定建立院长、系主任集体办公制度。

同年 2 月　《音乐研究》创刊任主编。1960 年下半年停刊。1980 年复刊后继任主编至 2000 年。

同年 4 月　在“大跃进”的形势下，认同学生科应学生要求而提出的“赶老柴、超老贝”的口号，在“大炼钢铁”“大办工厂”等运动中，助长了不正当的学术浮夸风。但客观上也促进了师生艺术实践的发展，演出了歌剧《弄臣》《茶花女》和《黑桃皇后》片段，创作并演奏了《青年钢琴协奏曲》（钢琴和民族管弦乐队）及《人民公社大合唱》等作品。

同年　在广州度休假，写出《生活·思想·技巧》一文，返京后公开发表。

同年 7 月　在教育革命运动的形势下，学院开展了拔白旗运动．赵沨提出“要拔的白旗，必须经党委批准”，后经院党委慎重讨论，全院有两名教师朱世民、沈湘受到不公正的批判，在运动中，另一些教师也受到不同程度的冲击。

同年 9 月—1959 年上半年　组织师生分批搬迁北京，在学院迁京过程中，充分显示了赵沨的工作魄力、组织才华和社会活动能力。

同年 10 月　中央音乐学院被评为全国文教先进单位，赵沨代表学院出席全国文教群英会，并作了《音乐教育革命的伟大胜利》的书面发言。

1959 年 3 月 组成编译室，开始出版《国外乐讯》月刊，先后翻译出版了一大批苏联、东欧和欧美国家有关音乐和音乐教育的文献。

同月，根据文化部 2 月下发的《关于艺术教育工作的几点意见（草案）》，结合学院情况作了关于修改教学计划的动员报告，根据党的教育方针，提出学院培养目标为"专业音乐团体的表演人才，艺术学校的教师，音乐科学研究工作的干部"，并就政治挂帅、劳动时间、缩短学制等问题发表了意见。开始逐步纠正"教育革命"口号下的一些"左"的错误。

同年 4 月 14 日 纪念世界名人亨德尔逝世 200 周年，受中国人民保卫世界和平委员会的委托，在会上作了学术报告，发表在同月出版的《人民音乐》上。

同月 为落实学生学习民族音乐的规定，主持音乐学系师生草拟了《民族音乐必读文献目录》并在附中试行，规定任何学科必须背诵一百首民歌方能毕业。

同年春 选派胡国尧留学苏联，吴天球、包桂芳留学保加利亚。

同年 5 月 18 日 为进一步贯彻文化部《关于艺术教育工作的几点意见（草案）》，又一次向全体师生作报告，总结"大跃进""教育革命"的经验教训，指出"既鼓足干劲，又要心情舒畅"；"工作任务既要力争完成，又要留有余地"；音乐创作"既要有思想性，又要有艺术性"；"既要浪漫主义，又要现实主义"；"既要有基本训练，又要有文艺修养"；"生活中既要政治挂帅，又要有物质福利"；"既要重视劳动锻炼，又要保护身体健康"；"既要敢想敢说敢做，又要科学分析"，"既有独特风格，又要丰富多彩"。

同年 6 月 12 日 出席文化部召开的部分艺术学校校长会议，后回校向师生作报告。结合学院存在的问题，指出，"（艺术）光是思想性不够，必须有艺术性，而不是说教"，要求学生"必须克服目中无人"，要"善于向先生学习"，"必须坐下来，好好练琴，不实际的想法必须去掉"等等。进一步克服过去一段时间"左"的错误。

同年 8 月　为贯彻文化部《关于全日制高等艺术院校修订教学计划的若干原则规定》（草案），主持起草了中央音乐学院近期发展规划和远景规划纲要，以及教学、创作、科研、演出规划。

同年 8 月　由赵沨发起，得到文化部支持，中央音乐学院和上海音乐学院在青岛举行教学计划研讨和教学经验交流会议，对于高等音乐院校必须开设有关社会、人文科学的必修课和选修课的问题，展开热烈讨论。

同年 10 月　被任命为建国十周年国宾接待委员会负责人之一，参加组织国庆 10 周年文艺队伍游行、《东方红》大型歌舞排练、演出和中央乐团、中央音乐学院联合演出贝多芬第九交响乐等重大活动。

同年 11 月　响应北京市委提出的"开展先进集体、先进工作者运动"的号召，组织创作、排演歌剧《青春之歌》《阿诗玛》，组织师生到天桥、西单等地的茶馆演出。

同年 11 月　舞剧《鱼美人》开始公演。此前，赵沨受周恩来总理的委托，组织吴祖强、杜鸣心创作《鱼美人》的音乐。

1960 年 1 月　郭沫若率政府代表团赴古巴祝贺古巴成立一周年，赵沨任秘书长。主持审定、出版《舒曼歌曲集》。

同年 2 月　出席文化部召开的全国艺术教育工作会议，在会上的发言中，首次公开提出"金字塔"式教育结构的主张，林默涵在总结发言时，采纳了赵沨的意见。

同年 2 月 4 日及 3 月 26 日　为贯彻会议精神，连续两次向全院师生作报告。强调指出："认识任何东西都有三番四复……教学质量要精益求精"；"要继承传统，要学习先进"；对西欧音乐，"不能简单地一棍子打倒"；强调"批判的目的是为了学得更好，要继承，就要批判，这是一个学习、批判、再学习、再批判的过程"。

同年 2 月 22 日　中国人民保卫世界和平委员会等单位，举行世界名人肖邦纪念会，赵沨作了题为《肖邦——波兰人民伟大的歌手》的报告。

同年 3 月—10 月　主持开展"学术批判"运动。但明确规定"校内不设靶子""点名批判要经批准"。

同年4月　为纪念列宁诞辰90周年，受中宣部委托，组织中央音乐学院师生与中央乐团等联合演出肖斯塔柯维奇的第十一交响乐。

同年4月，发表文章《在音乐教育工作中贯彻教育革命的一些体会》，除了提出教育与生产劳动相结合，在音乐教育中主要是教育与艺术实践相结合的论点外，还提出了"必须使学生具有广博的知识、开阔的视野和高度美学鉴赏能力"的主张。在学校艺术实践的工作中，先后又组织创作了一批具有一定影响的作品，如王澍的《十面埋伏》（琵琶与乐队）、作曲系学生集体创作的歌剧《青春之歌》等。

同年6月　被文化部、北京市委指定为艺术教育小组负责人，与文化部教育司王子成司长一起草拟《关于北京各艺术学院方针任务的规定》，后经彭真主持讨论颁布施行，对稳定各艺术院校教学秩序，提高教学质量起了促进作用。

同年9月　决定建立民族歌剧系（后改称民族声乐系），学院的民族音乐教育形成了初步的完整体系，除音乐学系的民族音乐理论研究专业外，还有民族乐器演奏、民族乐队指导、民族音乐作曲和民族声乐四个专业。

同年9月　为培养教学干部，决定任命38岁的王震亚、34岁的黄祖禧、40岁的汤雪耕分别为作曲、声乐系副主任，40岁的黄国栋为民乐系主任。

同年10月　中共中央发出《关于增加全国重点高等学校的决定》。中央音乐学院被列为全国艺术院校中唯一的全国重点高等学校。

同年10月　发表《音乐教育革命的伟大胜利》和《音乐教育中的古今中外关系问题》两篇文章，主张在教学问题上，绝对不能采取少数服从多数的原则。不同学派都应得到发展条件，不同教学主张都应得到实验的机会，不同的学术主张都应允许争辩，并有保留自己的不同意见的权利。要使那些暂时处于少数派地位的学派，能够有自由竞赛的可能等论点。

同年10月　起草制定《中央音乐学院关于方针任务、教学计划和发展规划的规定》，提出"逐步建立社会主义的民族的教学体系"和"逐步形成具有民族特点和独特风格的表演学派"的主张。

同年 10 月 决定创办的函授部正式成立,试办乐理班和和声班,学员 400 余人,到 1962 年,约近 300 人通过正式考试结业。

同年 10 月 文化部、中宣部为聂耳、冼星海逝世 25、15 周年在全国 6 个城市举行纪念活动。赵沨发表《无产阶级革命音乐的道路》一文。

同年 10 月 参加昆明纪念聂耳逝世 25 周年纪念活动,在会上发表了讲话。

同年 10 月 为加强党支部建设,在各专业选择学生兼任党支部书记,毕业后留校任助教,继续兼任党的工作,有计划地培养"双肩挑"干部。

同年秋 选派刘诗昆、殷承宗、郑小瑛、左因、朱同德、白宇等 10 多人留学苏联。

同年 12 月 随郭沫若、夏衍率领中国人民代表团,为庆祝古巴成立一周年出访古巴,任秘书长。

1961 年 1 月 中国音乐研究所重新划归中央音乐学院领导,确定该所工作计划,包括对历代琴曲的搜集、研究和中国传统声乐巨著《九宫大成》的试唱和录音,以及中国传统器乐名作《弦索十三套》的试奏等。

同年 2 月 决定实行新生试读制。一年后根据思想、业务情况,甄别去留。

同年 3 月 受中宣部和文化部的委托,起草《高等音乐院校教学方案》(草案)。

同年 4 月 出席全国高等院校文科和艺术院校教材编写计划会议,任音乐院校小组长。会上讨论了赵沨起草的方案。后由中宣部、文化部印发各地讨论试行,方案附有传统音乐 400 余首的选读目录。

同年 4 月,由赵沨提名建议,经国务院批准,江定仙、喻宜萱升任中央音乐学院副院长。

同年 5 月 率江定仙、萧淑娴、姚锦新等出席由吕骥主持在南宁召开的创作会议。

同年 5 月 召开中央音乐学院全院大会,作报告,传达贯彻文科教材会议精神。

同年 5 月　出席由中宣部召集的全国文艺工作座谈会，参与讨论了《文艺十条》初稿。

同年 6 月　钢琴教材审议会、管弦教材审议会在西苑饭店举行。赵沨提出三点选编标准：①政治内容好，艺术性也高的；②政治内容虽不好，但艺术性高的；③有益于了解人民生活的。

同年 6 月 10 日—12 日　根据文科教材会议精神，与喻宜萱一起主持歌剧音乐会演唱专业和民族声乐演唱专业教材审议会。

同年 7 月　率代表团参加第三届埃涅斯库国际音乐比赛，并任评委。洪腾和鲍蕙荞获奖。

同年 8 月　参加在香山饭店举行的第三届音乐史论课、作曲理论课教材审议会。

同年 8 月，中央音乐学院第二届党代表会议选举赵沨连任党委书记。改选前的 7 月 26 日，赵沨代表党委作了工作总结报告，要求党员干部订出学习业务知识的计划，强调要千方百计提高教师政治和业务水平，要正确对待知识分子，要调动他们的积极性。

同年 9 月　召开全院大会，动员学习《文艺十条》。

同年 9 月—1962 年上半年　大力贯彻"文艺十条"和"高教六十条"。中央音乐学院各系开设新课达 10 多门之多，如"钢琴艺术史""弦乐艺术史""室内乐""欧洲音乐美学史""文学名著选读""美术名作欣赏"等。在学术委员会内增设创作秘书、理论秘书、演出秘书。在院、系范围内，开讲和计划开讲的学术讲座有 30 多个。

同年 10 月　赴布达佩斯参加国际巴托克学术讨论会，在会上作了《论巴托克的创作》，由主办单位匈牙利科学院以匈文、德文、俄文发表。回国时，顺访捷克，捷作曲家协会向赵沨颁发德沃夏克纪念章。报告稿在 1996 年 12 月号《人民音乐》上发表。

同年 11 月　赵沨特邀西安城隍庙古乐来中央音乐学院演出，以开阔学生眼界。

同年 12 月　周扬、林默涵率中国文化代表团参加古巴全国文化工作会议，赵沨任秘书长。郭沫若、夏衍率中国人民代表团访问古巴，赵沨任秘书长。

1961 年　为使学生开阔眼界，丰富修养，赵沨亲笔写信给文化部党组书记齐燕铭，特批给学院放映 10 多部影片，如《费加罗的婚礼》《苏联大剧院音乐会》《秘鲁女歌唱家》《柴科夫斯基国际比赛》《翠堤春晓》等等。

1962年2月 参加由周扬、林默涵主持的讨论文艺工作的北京新侨会议，会上将《文艺十条》讨论修改为《文艺八条》，于4月以文化部党组、文联党组名义下发。

同年3月 率部分教师参加"羊城音乐花会"。花会期间，聆听了陈毅副总理关于知识分子的报告（"应该取消'资产阶级和知识分子'的帽子"），充分肯定了解放后知识分子所做出的贡献，使他们倍受鼓舞。

同年5月—6月 出席由文化部主持的中央与上海两所音乐学院系主任、教研室主任、附中校长参加的教学方案讨论会。任领导小组成员。根据文科教材会议精神和《文艺八条》，由中宣部责成起草人赵沨根据讨论意见．对教学方案做出修改，后由文化部颁发实施。

同年6月 党内对1959年反右倾甄别平反，代表学院向1958年受过错误批判的教师赔礼道歉。

同年7—8月 配备9名干部和教师，在方堃、黄源澧带领下，中央音乐学院红领巾乐队与独唱独奏小组赴武汉、广州、上海、杭州等地巡回演出，受到广泛好评。

（注：红领巾乐队成立于1959年，徐新指挥．演出的保留曲目包括古今中外的《费加罗的婚礼》《卡门》《思乡》《鱼美人》等。1963年，决定将乐队永久保留，纳入院部学术委员会领导。）

同年8月 发表《有关民族音乐教育的一些问题》一文，建议师生可以"按照我国固有的传统乐队形式，如江南丝竹、民间鼓吹，以及近年发现的一些流传于民间的古乐形式，如北京智化寺乐队，西安城隍庙乐队等形式和传统体裁来进行创作"。

同年9月 率中国青年音乐家代表团赴香港、澳门演出，引起强烈反响。港英政府教育部门负责人公开宣布正式承认中央音乐学院毕业生的学历、学位。在这之前(5月)，赵沨提出"赴港澳演出音乐团计划"，对节目安排提出要求："做到雅俗共赏，节目中既有满足专家及上层人士的欧洲古典音乐和我国传统古典节目，又有能为一般听众——青年、学生等所接受的较通俗的节目，如民歌等。"

同年 11 月 与附中研究决定开办高中课余声乐班，为本科扩大生源。

1963 年 2 月 与吕骥一起，主持 60 岁以上音协会员（如查阜西、溥雪斋、杨荫浏、应尚能等）的祝寿活动，充分肯定他们在过去的岁月里，为发展人民音乐事业付出的辛勤劳动和取得的成就，祝愿他们在今后做出新的贡献。

同年 2 月 为繁荣交响乐创作，与吕骥共同策划，在音乐厅举行了管弦乐新作品试奏会，会上由中央乐团演出了陈培勋、徐振民、辛沪光、刘庄等人的作品。

同年 3 月 主持院务会议，研究通过了《关于加强教研室工作的决定》，对教研室、组的任务作了具休规定。

同年 3 月 周恩来总理陪同柬埔寨国家元首西哈努克亲王来中央音乐学院访问，赵沨作了学院概况和工作情况的汇报。组织学生管弦乐队演奏了由蔡克翔根据西哈努克亲王的作品改编的《柬埔寨组曲》。

同年 4 月 19 日 与江定仙、喻宜萱一起，出席中宣部召开的文艺工作会议和文联三届全会二次扩大会，聆听了周总理《做一个革命的文艺工作者》的报告。

同年 5 月 与马思聪、章彦等一起出席第四届"上海之春"，并任评委。中央音乐学院的彭鼎新、刘育熙（小提琴）分获二、三等奖，王国潼（二胡）获三等奖，王耀玲（钢琴伴奏）获优秀奖。

同年 5 月 主持修订了经文化部批准的《中央音乐学院学生成绩考核办法》，《办法》对学生成绩考核进行了规范。

同年 6 月 主持开展"五反运动"。根据北京市委"让学生、教师进行自我教育"的指示，赵沨组织夏之秋、易开基给师生作"忆苦思甜"的报告。

1963 年上半年 号召教师加强对民族音乐及其理论的学习，并率张洪岛等人就如何解决民族音乐理论专业问题专程赴民研所请教，在教师中提倡学习古琴、古曲、古谱、古文以及昆曲。

同年 赵沨与吕骥、李元庆等一起大力扶植北京古琴研究会的活动。

同年8月 周总理召集电影界人士座谈,约请音乐舞蹈界人士参加,赵沨出席了座谈会,聆听总理提出"先生活 后实践"的号召。

同年9月—11月 组织全院师生到四季青公社参加"四清"运动。其间,赵沨按原计划邀请保加利亚声乐专家来院上课,声乐系部分师生回校学习一个月。

同年11月 受中宣部委托,赵沨与吕骥等主持草拟《对当前音乐工作的几点意见》,为"三化"(革命化、群众化、民族化)会议做准备。

同年12月 周恩来总理指示,文化部和中国文联召开全国音乐、舞蹈工作座谈会(即"三化"会议),会后在《人民日报》和《光明日报》开展音乐、舞蹈革命化、民族化、群众化的讨论,赵沨发表了多篇论文。

同年12月,党中央办公厅责成赵沨为毛泽东同志组织两场音乐会,第一场于除夕夜在中南海举行,在京中央政治局委员全部出席,节目全部由中央音乐学院师生表演,第二场音乐会在人民大会堂举行,节目由在京音乐团体共同表演。毛泽东同志向赵沨作了"文艺工作者必须下去"的指示。

同年12月底 赵沨建议学院并拨款1万元筹建《中国音乐史陈列室》,经赵沨最终审查后对师生开放。

1964年1月8日、1月15日、2月6日 连续三次召开中央音乐学院全院大会,传达"音乐舞蹈工作座谈会"精神,结合学院情况,就文艺方向、"双百方针""办学方向"发表意见。在8日的大会上,提出了"学贯中西"的口号。建议组建一个专门演奏18—19世纪欧洲古典交响乐的教师管弦乐队,乐队组成后,按赵沨的意见进行了排练。

1964年1月 周恩来总理决定筹建中国音乐学院,其办学目的明确规定为:给予民族音乐独立发展的机会和园地;中央音乐学院的民族音乐系、民族声乐系、音乐学系的民族音乐理论专业,以及民族作曲专业,民族乐队指导专业全部师生划归中国音乐学院。但赵沨认为,在中国开办的中央音乐学院,不应该不学习自己民族的悠久历史音乐文化。因此,设法挖掘本院过去学习过一点民族音乐的人员，动员了作曲系的蒋菁、罗映辉，民族声乐系的吴锡麟，同时留了三个民乐系的毕业生（韦志军、孙仁杰等），组成了一个民族音乐理论小组。蒋菁任组长。以此为基础，为本院开设民族音乐理论课程教学做准备。

同年1月　受中央办公厅的委托，组织音乐学系教师为毛泽东同志收藏的外国音乐唱片突击写出作者传记和作品的注释资料。

同年2月　受中央宣传部的委托，对《毛泽东选集》有关音乐的文字作定稿的咨询工作。

同年2月　受中宣部的委托，亲自领导音乐学系师生突击、修订、排印大字本《外国音乐史》《中国古代音乐史》等教材，送请毛泽东同志审阅。

同年3月　为贯彻音乐群众化方针，赵沨先后组织学生在北京的公园和娱乐场所，如茶馆中演出，并亲自率队到北海公园教唱群众歌曲。

同年4月　请中央戏剧学院李伯钊院长来院作学习毛泽东著作的报告。之后，赵沨也赴戏剧学院作了报告。

同年5月　传达毛泽东于2月13日（春节座谈会）、3月10日（旧北京铁路二中）发出的教育改革的指示，并布置全院师生讨论教改问题，拟定教学方案。

1964年春　受周恩来总理之命，兼任中央歌剧舞剧院院长，其间，组织、参与舞剧《红色娘子军》《纺织女工》和歌剧《阿依古丽》《南海长城》的创作、排练、演出，为中国式舞剧、歌剧开辟了一条新路，深受广大观众的好评，得到毛主席和周总理的肯定。

遵照周恩来总理指示，原中央歌剧舞剧院分为：中央歌剧舞剧院和中国歌剧 舞剧院，决定由赵沨兼任中央歌剧舞剧院院长。这时，正是毛主席在文艺领域反对"名、洋、古"统治舞台的批示后不久，中央歌剧 舞剧院正不知该怎么走时，赵沨提出"哪里跌倒哪里爬起来"的主张。即在大家熟悉的洋歌剧、舞剧技法和表现手法的基础上，创作出自己民族的、现代的、为人民大众的中国作品。赵沨与中宣部副部长林默涵共同组织、指导了歌剧及舞剧现代剧目的创作和演出。

歌剧决定分三步走，第一步以民族民间形式为主体，创作了歌剧《南海长城》，以南方的潮州音乐为基础；第二步在创作上更多借鉴西洋歌剧的形式，把电影《天山上的红花》改编为歌剧，以女主角的名字命名为《阿依古丽》；第三步步子迈得更大些，把基于民族民间音乐的创作和借鉴西洋歌剧的创作方法结合起来，把现代京剧《红灯记》改编为歌剧。改编工作由蒋菁负责，试唱会上请来了袁世海、高玉倩、刘长瑜、钱浩亮，歌剧改编得到他们的肯定。袁世海说："用管弦乐队伴奏唱起来更有劲，味道更足。"改编工作正在进行时，"文革"开始，致使改编工作停顿。

《阿依古丽》于1966年元旦在民族文化宫首演，民族委员会主任赛福鼎看后给予了高度评价。他称赞"这部歌剧的音乐很成功，每一句曲调都听得出是新疆那个地方的民歌"。该歌剧在北京连演数场，受到观众热烈欢迎，在社会上引起较大反响。《南海长城》于1966年5月1日在广州首演，两部歌剧被选派参加广州交易会演出，再到深圳、惠阳演出。

舞剧方面决定创作《红色娘子军》。1964年5月底，到海南岛体验生活的演创人员回到北京，开始紧张的创作与排练。创作一场，排练一场，边排练，边修改，边研究如何用芭蕾舞的语言来表现现代生活；怎样用芭蕾舞的肢体语言表现得更像个兵；研究芭蕾舞表现现代人不足的语汇，怎样向我国戏曲丰富的表现手法和民间舞蹈学习；怎样将中国戏曲的表现手法融入芭蕾舞的语汇之中，使之还是芭蕾舞而不是戏曲武打。经过演员们下连当兵体验生活，向戏曲、民间舞蹈学习，反复地创作、研究、修改，五场表现现代人生活的芭蕾舞剧《红色娘子军》于1964年9月27日正式在天桥剧场彩排，周恩来总理和江青观看了彩排。演出结束后，周总理上台讲话鼓励大家："我祝贺你们，你们的演出很成功，很好！"并说："明天我就请你们为西阿努克亲王演出，有信心吗？"于是，第二天就演出了一场。

10月7日 舞剧院后台工作人员正准备上火车到广州参加广交会演出时，接到第二天晚上为毛主席演出的通知。当晚，舞台工作人员将布景拉到人民大会堂小礼堂连夜安装，一直干到第二天晚上开演之前。毛主席看完《红色娘子军》的演出后，评价说："你们演出方向是对头的，革命是成功的，艺术上也是好的。"毛主席还建议说："你们这样演，老百姓看不懂，应该在戏的开头加一个过场，介绍戏里的内容。"第二天《红色娘子军》剧组赶往广交会演出，按照毛主席的指示赵汛和演创人员一起完成了序幕的创作与排练，演出时加在第一场前，演出很成功，受到各界好评。

歌剧《阿依古丽》《南海长城》和舞剧《红色娘子军》在创作和演出上的成功，不仅是为我们增加了新的演出剧目，更为重要的是它为我国以外来歌剧和舞剧形式为主的表演形式开创了一条全新的现代化的道路。歌剧《阿依古丽》《南海长城》和舞剧《红色娘子军》的创作，为歌剧、芭蕾舞表现现代人民的斗争生活走出了一条新路子。

同年 6 月　出席北京市委召开的高等学校政治思想工作会议，并在会上发言。

同年 8 月　学院召开第三届党代会，选举赵沨连任书记。

同年 10 月—1964 年 5 月　带领全体师生四百余人，去通县参加"四清"运动。

同年 11 月中旬　向留校师生传达毛泽东 9 月 27 日对音乐学系学生信件的批示。毛主席的批示，第一句话是："信是写的好的，问题是要解决的……"。对信件中的观点主席给予了表扬。在毛泽东签名后，还加上"古为今用，洋为中用"八个字。

同年 12 月　当选为第三届全国人大代表。

1965 年 1 月　学院在过去多年提倡师生进行音乐创作并多次举办创作比赛的基础上，赵沨提出为使教材中国化，号召师生进行可作为教材使用的音乐作品的创作活动。

同年 3 月　赵沨与周扬、林默涵起草关于"三化"讨论的报告，上报周总理，总结了在《人民日报》《光明日报》上开展的公开讨论。

同年 3 — 5 月　组织管弦系师生到新华印刷厂每周劳动三个半天，其他系到第一、二机床厂劳动两个半天，提出了"边劳动，边实践"的口号，使劳动和业务尽可能不脱节。

同年 5 月　组织杜鸣心带领作曲系学生刘霖、刘庭禹、陈能济赴上海纱厂体验生活，准备第二部现代芭蕾舞剧《纺织女工》

的创作（该剧于 1966 年 2 月最后完成并进行了全部排练，准备五一公演。因"文革"开始而停止，并被批判）。

同年 9 月　组织作曲系、音乐学系、管弦系部分师生赴太舟坞"开门办学"，在太舟坞开设"毛泽东思想与文艺批评"课。这是在维持原教学计划的原则下，师生白天练琴、上课、创作，课余与社员同吃、同住。

同年 12 月 30 日　在《大公报》发表《歌剧音乐的新收获——谈新歌剧（阿依古丽）》一文。

1966 年 2 月　为培养乌兰牧骑式的队伍，学院试办河南班。

同年 4 月　率中央歌剧舞剧院赴广州、深圳演出歌剧《阿依古丽》和《南海长城》。

同年 6 月　"文化大革命"正式开始，文化部指定赵沨等人参加文化部学习班。

同年 8 月　与马思聪等人被进驻音乐学院的军宣队责令隔离审查。此后，不断接受所谓的批判斗争。

1970 年 5 月　随学院师生下放保定地区清风店部队劳动，同时继续接受审查。

1973 年　结束审查，赵沨说："在四人帮控制的文化部做了两年的编外人员……"，1975 年 10 月回到中央音乐学院参加领导工作。

同年 12 月　被任命为中央五七艺术大学音乐学院党委书记，兼革委会主任。在全院大会上自我介绍，对学校工作提出一些个人的看法。事后，"四人帮"把持的文化部，扬言对赵沨的"施政报告"进行调查。

同年　被推选为中国人民政协第五届全国委员。此后，连任第六、七届全国委员。

1976 年 3 — 5 月　先后组织作曲理论系、钢管系师生分赴郊区工矿企业开门办学。

同年 5 月 8 日— 6 月 6 日　组织师生近 300 人赴保定 1035 部队学军，同时开展音乐辅导和演出活动。

1977 年 1 月 29 日　向全院师生作报告，就学院的体制、学制、考勤、考绩制度及招生、分配等问题发表意见，组织讨论，同时宣布若干决定：制订各专业教学方案、教学大纲；将大学部和中专部分别管理；恢复音乐学系、指挥系建制；恢复民族声乐和歌剧专业等。学院开始逐步恢复正常教学秩序。

同年 10 月　全国恢复文革前的招生制度，主持成立招生工作组。全国各地报名者共 17,000 多人，经邓小平同志批示支持，扩大招生名额，录取 213 人。开始了中央音乐学院"文革"后的中兴。

同年 12 月 27 日　文化部宣布撤销"五七艺大"，恢复中央音乐学院名称和建制。

1978 年 1 月　出任恢复学院建制后的院领导小组组长。

同年 6 月　赵沨接待著名指挥家小泽征尔访问中央音乐学院。在为其安排的音乐会中，姜建华的二胡独奏《二泉映月》使小泽征尔泪流满面感动不已。

同年 11 月　学院党组织宣布党中央的决定，对学院（包括中国音乐学院及其前身之一的北京艺术师范学院）于 1957 年错划右派进行甄别。重新做出结论，予以改正。赵沨在后来的一篇文中谈到当年中央音乐学院反右错划右派问题时写道："使不少好同志受到冤枉，我作为学校主要负责人，从未否认过我应负的直接责任，这对我是一个极痛心的教训。"

同月　应联邦德国驻我国大使的邀请，率中国音乐家代表团访问联邦德国。访问了波恩、科隆、汉堡、爱森等音乐学院和黑森林小提琴制作学校，并向德国争取到为我国培养两名小提琴制作学习的名额。

1979 年 6 月　接待世界著名小提琴大师斯坦恩到中央音乐学院访问、讲学。斯坦恩说："音乐学院的每一个窗口都站着一个音乐天才。"

同年 9 月　继续教学的整顿和提高，试行新制定的教学方案和教学大纲，以及教师工作量制度和学生学籍管理制度。"文革"后首届研究生班开课。

同年 10 月　学院举行第四届党代会，选举赵沨为党委书记。

同年 11 月　主持系主任联席会，讨论通过关于考试考查制度的意见和教师超工作量付酬试行办法。

同月　参加第四届文代会，被选为全国委员会委员（过去曾历任全国委员，并曾一度兼任第二届全委会秘书长）。

同月　出席全国音协第四届会员代表大会，被选为音协副主席。

同月　接待世界著名小提琴大师梅纽因夫妇访问中央音乐学院。大师除讲学外，还向音乐学院赠送了一把小提琴。赵沨代表中央音乐学院回赠了一把中国乐器二胡。

1980 年 1 月 23 日　被文化部任命为中央音乐学院院长。

同年 3 月　主持召开系主任联席会议，研究招生工作。为加强基础训练，决定增加全院各专业视唱练耳、钢琴共同必修课的学时。

同年 4 月　恢复学院建制后的第一届院学术委员会成立，被选为主任。

同年　赵沨赴美国考察艺术教育情况，其间写了许多杂文。

同月　应邀率中央音乐学院部分师生演出团，赴洛阳演出。

同年 5 月　与林默涵、王子成等赴美国考察艺术教育。

同年 6 月　为学院图书馆编印的《中外音乐家纪念文选》撰写出版说明，对图书馆如何成为学院科研工作的一个重要基地，提出建设性意见。

同年　接待美籍华裔口琴专家黄青白对中央音乐学院的访问

同年 9 月　决定除民乐系外，各表演专业每隔一两年举办一次中国作品演奏、演唱比赛，作为一项制度，从本学年起实行。

同月　赵沨认为：音乐教学中师生在风格、个性上不对路，不能收到好效果，主张"因材施教"为重要原则，甚至于必须实行学生和老师互选的办法。从本学年起，声乐系试行"双选制"，以解决教学中师生不对路问题。

同年 10 月　文化部决定恢复中国音乐学院，部分师生转入该院。在学院建制问题上，赵沨坚持主张学院保留民族音乐系建制。

同年 11 月　主持院务会，传达中共中央关于教育工作的指示，并在会上通过改善大学与附中同一专业教研室（组）关系的意见。

同年 12 月　《中央音乐学院学报》正式创刊，赵沨任主编。发表代发刊词《关于教育的几个问题》，对"中西关系""基础课程与专业课程的关系""技术和修养的关系""博和专的关系"做了辩证论述。

12 月 27 日　出席由中央音乐学院与音协联合举办的萧友梅逝世 40 周年纪念会，并发表讲话（见《人民音乐》1981 年 2 月号）。

同年　参加全国音协召开的中国古代音乐史座谈会。

1981 年 5 月 23 日　出席中央音乐学院与音协联合举行的招待会，欢迎 89 岁高龄的老一辈作曲家、语言学家赵元任先生。

同年 7 月　率民乐系教授团面向海外和港澳人士试办广州民乐研习班，受到美籍华裔和港澳台民乐界人士热烈赞扬。

同年 9 月　发表《继承与革新》，纪念普罗科菲耶夫诞辰 90 周年（见《中央音乐学院学报》1981 年 3 期）。

1982 年 2 月　参加云南昆明举行的"云南省聂耳音乐周"（为纪念聂耳诞辰 70 周年）活动。在 20 日开幕式讲话中指出：一部分青年对外面流传进来貌似新鲜的"流行音乐"缺乏辨别能力，而少数音乐工作者对不良乐风不但不予批判反而迁就以至迎合。这次"聂耳音乐周"的举行，给我们提供了一个机会，向群众公开地表明我们提倡什么、允许什么、反对什么。

1982 年 2 月　赵沨被聘为国务院学位委员会学科评议员，任文学（艺术）学科召集人；经赵沨在评议会议上多次论证、争取，正式成立艺术学科评议组，继续担任艺术学科负责人。为艺术学科争取到硕、博学位授予权。

在国务院学位委员会讨论艺术学科是否有必要获得硕士和博士学位授予权的会议上，有些学位委员会的专家们产生了争议，而且是一些很有权威的大专家。他们不主张艺术学科设硕士、博士学位，建议授予"人民艺术家""功勋演员"等称号。这是关系到我国艺术教育中各个学科建设和发展的大问题，也是我国艺术教育与国际艺术教育水平比高低的大问题，并将直接影响院校师生员工努力提高教育质量的积极性。

在会上赵沨极尽全力、引经据典说明我们国家应建立艺术学科硕士、博士学位的必要性和重要性。仅从音乐学科来说（美术、舞蹈、戏剧、戏曲与音乐类似），音乐不仅是一门表演艺术，它更是有着深厚的、悠久的音乐文化传统的艺术。从河南舞阳县贾湖地区发现新石器时期的文化遗存——其中一个墓葬的几只骨笛，到孔子授业之"六艺"的第二项就是音乐；从春秋战国时期《饶典》《诗经》《乐记》到明代的《乐律全书》……至今，有关律论、乐论、著述、典籍的论述浩如烟海。从民族民间音乐看，全国音协正在组织出版的《中国民间歌曲集成》仅湖北一个省就有民歌 1000 多首。再说各个地区还存在着各种古老的文化，如：福建泉州的南音、云南丽江的白沙细乐、河北固安的屈家营音乐会、潮州的弦诗乐、西安古乐等民间音乐以及各少数民族的音乐等，举不胜举。赵沨还谈到，我国是个多民族的国家，在几千年的历史文化中相互融合交往，文化上共生互补，给我们留下了光辉灿烂的音乐文化遗产，同时也是世界上最优秀、最古老的文化遗产。这么多例子证明，我们面对自己祖先留下的丰富遗产，有义务和责任将它们保存下来，整理、继承并发扬光大。我们从事艺术教育的工作者，不仅应该担负起这样的责任，而且还要教育学生们也担负起这个责任。

从另一方面讲，在西方从欧洲文艺复兴开始至今，不论音乐理论还是艺术实践都获得了高度发展，其历史成就并不在社会科学和其他学科之下。西方发达国家的艺术院校都设有硕士、博士学位。这几年我国对外交流的事实证明，新中国的专业音乐教育水平所取得的成就绝不比西方差。如果我国不设硕士、博士学位，岂不妄自菲薄自贬三分！这不利于我们自己音乐教育质量的更上一层楼，更不用说怎么和国际接轨、怎么立于世界之林、怎么影响世界！就上述的原因，我国的艺术教育必须设立艺术学硕士、博士学位。

凭赵沨多次在评审会上的陈述和要求我国艺术教育必须得到学位授予权的坚决态度，专家们终于接受了赵沨的意见，投了赞成票。国务院学位委员会正式成立了艺术学科评议组，赵沨继续任艺术学科召集人，并主持拟定国家学位目录中的音乐、美术、设计艺术、戏剧、戏曲、电影、电视以及书法等专业的学科目录。

赵沨为全国高等艺术院校争得了这个至关重要的硕士、博士学位权利。只要条件符合国务院学位委员会艺术学学科研究生标准的学科，各高等艺术院校都可以申请授予权。从此，我国高等艺术院校翻开了授予硕士、博士学位的新篇章。

赵沨还为中央音乐学院申请到所有专业硕士学位的授予权和音乐学、作曲及其技术理论专业博士学位授予权。

同年 3 月　中央音乐学院学位评定委员会成立，任主席。

同年　著名小提琴大师梅纽因再次到中央音乐学院讲学，赵沨代表中央音乐学院聘梅纽因为中央音乐学院名誉教授。

同年 6 月 9 日　文化部党组任命赵沨为中央音乐学院名誉院长。

同月　附中举行建校 25 周年纪念活动。赵沨发表《祝贺和希望》（同年《中央音乐学院学报》第三期），就"文化和专业""技术和修养""红和专""中和外"等问题提出自己的看法。

同年 7 月　接待世界著名歌唱家帕瓦罗蒂对中央音乐学院的访问，陪同其听音乐会。

同年　接受波兰文化部颁发的"希曼诺夫斯基"纪念章。

同年 8 月　受福建省委书记项南同志委托，与李庚同志一起筹建厦门大学艺术教育学院，曾任名誉院长。

1983 年 3 月　就《学报》开设"中央音乐教育辅导讲座"专栏，发表《加强普通学校音乐教育，建设精神文明》一文。

同年 5 月　受联合国教科文组织中国委员会和中国音协的委托，为编辑世界新音乐史中国卷到福建泉州考察南音，为泉州历史文化题字"南音是一部中国音乐史，从乐器、律制各方面都可以追溯到晋唐时代，继承、保存它是造福子孙万代的事。"

同年夏　受深圳市委书记梁湘委托，与李凌筹组深圳艺术学校。

同年 9 月　赴瑞典参加国际音乐理事会年会，并受聘为音理会的国际合作项目——《新世界音乐史》亚洲地区协调员，中国卷主编。

同月　厦门大学艺术教育学院成立，被聘为名誉院长。

同年　与吕骥同志一同接待日本著名作曲家团伊久磨对中国音协的访问。

1984 年 6 月 中央音乐学院成立院务咨询委员会，赵沨兼任委员会主任。

同年 参加武汉音乐学院建立博士点的审查会。

同年 中国函授音乐学院成立。

同年 2 月 在福建泉州召开的第一届南音研讨会上，倡议筹建中国南音学会。

同年 被选为南音学会会长。

同年 5 月 参加河南省第五届民间音乐舞蹈调演大会，并在开幕式上致辞。

同年 6 月 参加王光祈艺术研究讨论会。会上发表题为《真诚的爱国主义者、博学的音乐学家王光祈》（《音乐探索》第二期，1985.6）

同年 10 月 赴香港参加香港中央音乐学院校友会成立大会。

同年 12 月 19 日 英国首相撒切尔夫人访问北京时，接待英国首相撒切尔夫人对中央音乐学院的访问。

1985 年 5 月 继续当选为中国音乐家协会副主席（此前，历任中国音协党组成员、书记处书记兼理论工作委员会主任）。

同年 6 月 中国南音学会在泉州成立，届时被选为南音学会会长。

同年 7 月 赴日本参加第一届国际音理会《新世界音乐史》亚洲地区协调员会。

同年 9 月 10 日 参加中央音乐学院举行的庆祝首届教师节暨建院 35 周年大会，作了讲话。在讲话中引用鲁迅的话"采取外国的良规，加以发挥，使我们的作品更为丰满是一条路。择取中国的遗产，使我们的作品别开生面，也是一条路"，并主张应该更多地着力于第二条路。同时，对中央音乐学院民族音乐教学改革提出建议，希望克服"单打一的做法"，最好能做到"吹拉弹唱，件件皆能"的程度，这不仅有助于主修乐器的培养，而且有助于全面掌握民族音乐遗产，更有助于培养研究民族音乐遗产的能力。

同年中秋 在厦门举行的海内外南音大会唱时，以《博览以精阅 凭情以会通》一文阐述保存、传承南音的重要意义。

同年 10 月 在河南沁阳主持朱载堉纪念馆开馆仪式。

同年 10 月 为《王光祈年谱》（韩立文、毕兴编）撰写前言。

同年 12 月 就锦州市兴城县南一小学"音乐加强班"教学观摩会在《中央音乐学院学报》发表题为《国民音乐教育的改革之花》的文章，文中强烈呼吁"德智体美劳"五育并提，大力培养中小学师资。

同年 赴瑞典参加国际音理会，在会上作了《关于中国传统音乐和传统音乐田野工作》的报告。

1986 年 1 月 任中国函授音乐学院院长。

同年 4 月 《中国大百科全书音乐·音乐舞蹈》卷出版。赵沨任编辑委员会副主任。

同年 9 月 当选为中国传统音乐学会会长。同年—2000 年为中国音乐史学会会长。

同年 被南开大学聘为东方艺术系名誉教授。

同年 12 月 10 日—17 日 参加在广东中山市召开的首届"国民音乐教育改革研讨会"，会上作了《我们需要培养全面发展的一代新人》的报告。

1986 年 12 月 28 日 出席国家教委艺术教育委员会成立大会。赵沨被聘为艺术教育委员会委员兼音乐组组长。

1987 年 1 月 出席《音乐学报》编辑部组织的音乐创作问题座谈会，就创作、评论等问题发表意见。

同年 3 月 在《中央音乐学院学报》发表《漫论音乐教育》。

同年 5 月 参加青岛的电化音乐教学评议会，赵沨为其设计的电子钢琴取名"利勃欣"牌电子钢琴。

同年 6 月 参加《中央音乐学院学报》组织的"演唱演奏专业教学问题笔谈"，主张面对中国听众，演唱外国歌曲最好翻译成中文演唱。

同年 10 月　中国函授音乐学院规划出版了一套音乐丛书。丛书分为四大类。一是邀请我国著名学者撰写集学术性和知识性于一体的专著；二是出版中国函授音乐学院现行的教材；三是撰写部分普及音乐知识读物和中外名作的选集；四是组织翻译国外具有权威性并对我国音乐事业有借鉴意义的著作和教材。丛书将陆续出版。

1987 年 12 月 7 日— 12 日　出席在杭州召开的第二届国民音乐教育研讨会。会上作了发言。

1988 年 4 月　应邀访问菲律宾，在蔡继琨夫妇陪同下访问了菲律宾女子学院、菲律宾大学，拜会菲律宾国家艺术中心主任卡西拉博士。

同年 5 月　主持在广州召开的函授音乐学院分院工作会议。

同年 8 月　赴澳大利亚参加国际音乐教育学会学术年会，在会上宣读了《中国音乐教育思想和实践》的论文。

同月　在上海主持文化部召开的高等艺术院校建立硕士、博士点初评会议。

同年 11 月　出版论文集《音乐与音乐家》。

1988 年 12 月　出席在肇庆召开的第三届国民音乐教育研讨会，会上作了发言。

同年　参加少年儿童歌曲创作评奖的艺术委员会，被聘为主席。

同年　赴澳大利亚参加国际音乐教育学会学术年会，在会上宣读了《中国音乐教育思想和实践》的论文。

1989 年 4 月　《中国大百科全书·音乐舞蹈》卷出版。赵沨任音乐学科编辑委员会副主任，与赵宋光合写了总条目《音乐》一辞的释文，并最后审阅了大部分条目的释文近百万字。

同年 8 月　代表全国音协，赴内蒙古白音哈尔祝贺马头琴协会成立大会。

同年 9 月　被选为中国音乐史学会会长。

同年 10 月　作为中国音乐家协会代表团团长，率团访问莫斯科柴可夫斯基音乐学院、列宁格勒音乐学院等地。

1990 年 1 月 任《人民音乐》主编。

1990 年起 任中国音乐家协会考级委员会主任。

同年 2 月 被聘为中国高等学校音乐教育学会和中国教育学会音乐教育研究会顾问。

1990 年 7 月 29 日 出席第二届国家教委艺术教育委员会,被聘为国家教委艺术教育委员会主任,前后十多年间,不顾年迈多病,以极大的热情关注并投身于普通学校艺术教育事业。

同年 8 月 采访河北固安县屈家营音乐会,提出"屈家营音乐会的音乐是我国古老的传统音乐,为我们研究我国古代的音乐历史、乐谱及传承方法都有很大的作用。所以,我们应大力支持、帮助屈家营音乐会保存下去"。

同月 赴广东省考察音乐教育期间,在华南师范大学音乐系宣讲师范院校的音乐教育改革方案。

1990 年 12 月 出席在北京召开的第四届国民音乐研讨会,会上作了发言。

1991 年 1 月 主编的国际音理会项目《音乐宇宙——一部历史》中国附卷之一《中国乐器》一书出版,受到该书编辑委员会通报表扬。

同年 受中宣部委托,担任"中华大家唱卡拉 OK 曲库主编,组织讨论编辑出版《中华大家唱卡拉 OK100 首》。

同年 10 月 14 日 参加在泉州召开的第二届南音学会。致开幕词,并指出:"我应国家教育部之聘,负责小学民族音乐的推广,今天闻知泉州把南音编为补充教材,进入中小学课堂,而且已组织了两年的教学和比赛,希望坚持不懈。"

同月 参加在辽宁朝阳为"乐器进课堂"制作的管口琴评审会。

同年 11 月 在朝阳参加全国音乐教育座谈会,了解、观摩、推广辽宁朝阳市管口琴音乐班上课情况。

1992 年 任中央音乐学院校外音乐水平考级委员会主任。

同年 7 月 参加中国传统音乐学会第七次年会。

同月 主编的《音乐宇宙》中国附卷之二《云南器乐王国考察记》（录像带二卷）出版。

同年 9 月 任"中国关心下一代工作委员会"老艺术家委员会主任。先后率老艺术家艺术团赴河南项城、深圳等地演出。

同年 10 月 参加河南大学校庆，被河南大学聘为音乐系名誉教授。

同年 应中央民族大学聘请主持研究生论文答辩会。

1992 年 出席在济南召开的第五届国民音乐研讨会，会上作了主要发言。

1992 年 12 月— 1994 年 先后率团代表国家教委赴山东、河南、辽宁、吉林、广东等省市考察中小学音乐教育工作，检查九年义务教育实施情况。

同年 在扬州大学师范学院作有关音乐教育改革的报告，并受聘为扬州大学师范学院名誉教授。

1993 年 为舞蹈学院"舞蹈考级"编定撰写前言。

同年 3 月 率国家教委艺术教育代表团赴意大利、法国考察艺术教育。

同年 4 月 赴西班牙参加国际音理会《音乐宇宙》编辑委员会会议，并作了中国卷工作情况的报告。

同年 6 月 心率缓慢，安起搏器住院。

同年 7 月 赴福州出席亚洲太平洋民族音乐学会第一届年会，会上被选为会长。

同年 8 月 主管中国函授音乐学院在北京开办的暑期面授班。

同年 10 月 在杭州参加全国音乐教育学学会第三届年会，观摩杭州小学生的演出，并、参观虎跑泉内的李叔同纪念馆。

同年 11 月 在南京召开的第二届民族声乐教育研讨会上致开幕词，其中谈到"把歌唱艺术分为：美声唱法、民族唱法和通俗唱法分类法是不科学的，应建立中国自己的声乐表演艺术学派"。并接受记者采访。

同年 11 月 参观无锡唐城，参加华彦钧（阿炳）诞辰 100 周年艺术成就国际研讨会，在开幕词中高度评价了华彦钧的艺术成就："华彦钧可贵之处在于他没有受过传统的音乐教育，他是作为一种谋生的手段，学了道教音乐，在经历了沉重的坎坷中，在江南的民间音乐广泛涉猎之后，通过自己博大精深的民间音乐实践，用自己最熟悉的乐器二胡和琵琶，抒发了人间最真诚的情丝——从忧民、忧世到愤世，而且是通过自己人生坎坷而深情、悲愤的忧思之中。顺便说一句，近年来，我国音乐表演艺术家们，在演奏华彦钧的传世之作《二泉映月》时，常有过多强调作品的忧伤和忧世的情感，对于作品的愤民、愤俗的情感表现不足，甚至一些以此作品改编的作品，也常有令人遗憾的现象。……"后为阿炳纪念馆开馆剪彩，并为《阿炳传》写序言。

同年　任广东增城电视艺术大学南国艺术研究院名誉院长。

同年冬　代表国家教育委员会率团赴山东济南、青州、泰安等地考察中小学教育工作。

1994 年　任田华艺术学校名誉校长。

同年 3 月 16 日　在广西南宁参加第一届广西国际民歌节和中国第五届少数民族音乐学术研讨会。

同月　应新加坡华侨中学校友会会长庄亨筹之邀，访问新加坡南洋艺术学校并进行讲学。

同年 4 月　福州出席亚洲太平洋音乐民族学学会年会，会上被选为会长。

同年 10 月　在郭兰英艺术生涯六十周年音乐会上，登台为主持人解答问题。会后在人民日报上发表了《一字新声一颗珠》的文章，盛赞郭兰英扎根于民族歌唱的感人魅力和我国民族声乐艺术繁花似锦的前程。

同年 10 月　率中国关心下一代工作委员会老艺术家演出团赴深圳演出。

同年 11 月　会见新加坡交响乐团著名指挥朱晖来北京演出。（朱晖原为新加坡华侨中学赵沨的学生）

同年 12 月　主编的《音乐宇宙》中国附卷之三《世界屋脊的音乐》（激光唱片四张）出版。

同月　主编的《中国乐器》一书获北京市第三届哲学社会科学研究成果一等奖。

1995 年 7 月 在首尔举行的亚太民族音乐学会第二届年会上，被选为名誉会长。

同年 10 月 在韩国首尔参加亚太民族音乐学会第二届年会。其间，大会专为其举行庆祝 80 寿辰活动。

同年 主持意大利华人音乐家吴道恭著作《论六线谱》出版发行的发布会，并为该书写序，推荐六线谱记谱法的优点，呼吁应对"道恭六线谱"这一创造成果给予充分肯定。

同年 参加并主持在淮南举办的全国音乐评论座谈会。

1995 年 中央音乐学院为赵沨 80 诞辰举办庆祝会。

1995 年 10 月 在大阪举行的亚太音乐民族学学会第三届年会上，被选为荣誉会长。

1996 年 主持、领导全国普通高等院校声乐、钢琴伴奏制作工作。

1997 年 任中国少年儿童歌曲卡拉 OK 大赛组委会主任。

1998 年 筹备中国艺术教育研究中心（后更名为赵沨艺术教育研究中心）。

1998 年 7 月 13 日 接待新加坡中华艺术学校（1948 年赵沨创办的）老校友方壮壁来访。

1999 年 5 月 20 日 为《南音名曲选》写序言。

1999 年 8 月 文化部在北京主办"沈湘国际声乐比赛"，聘请赵沨任组委会主席。

同年 8 月 筹备艺术教育杂志《艺术学与艺术教育》。

2000 年 10 月 出席第六届中国音乐史学学会年会，辞去会长职务，任名誉会长。

2001 年 3 月 被授予中央音乐学院萧友梅音乐教育建设奖。

同年 4 月 作为中国少年儿童歌曲卡拉 OK 电视大赛主任，出席第四届中国少年儿童歌曲卡拉 OK 电视大赛开幕式并讲话。

同年 4 月 21 日 撰写《关于艺术教育改革的一些设想》一文，并决定由艺术教育中心筹建"中国二十一世纪素质教育在线""中国二十一世纪未来教育在线""中国二十一世纪网络音乐学院"等网络教育项目。

同年 5 月 应河南师范大学之邀，为河南师范大学音乐系做了《关于音乐教育改革之我见》的讲话。赵沨的观点得到该校认可，准备将新建的艺术学院作为赵沨音乐教育改革的试点。

同年 5 月 中国文联、中国音协举行首届中国"金钟奖"，组委会为表彰赵沨在中国音乐事业发展中的突出贡献，授予其"终身荣誉勋章和荣誉证书"。

同年 7 月 为河南师范大学音乐系撰写《师范院校音乐系教育改革草案》。

同年 7 月 23 日 为来自全国的沈湘声乐研究会会员做学术报告。

同年 8 月 16 日 作为中国民族管弦乐学会名誉主席，出席"全国少儿民族乐队（中州杯）北京邀请赛"开幕式，即席发表讲话。

同年 8 月 20 日 出席第四届中国少年儿童歌曲卡拉 OK 电视大奖赛闭幕式，并接受记者采访。

2001 年 9 月 1 日 因心脏病突发逝世。

根据中央音乐学院学报资料室《赵沨年谱初编》增删

赵沨艺术教育研究中心

2013 年 9 月